Okus ameriških ustanovnih očetov

Odkrijte brezčasne okuse ameriških prednikov s 100 pristnimi recepti, kuharskimi nasveti in fascinantnimi zgodovinskimi vpogledi

Marko Furlan

KAZALO

KAZALO 3

UVOD 6

THOMAS JEFFERSON 7

1. Makaroni in sir Thomasa Jeffersona 8
2. Vaniljev sladoled Thomasa Jeffersona 10
3. Piščančji trakovi z limono 12
4. Perth globoko ocvrta krila 15
5. Popoln hrustljav ocvrt piščanec 17
6. Pečen piščanec 20
7. Pravi južni ocvrt piščanec 22
8. Basic Fried Chicken Thomasa Jeffersona 24
9. V pečici ocvrt piščanec, na jugozahodni način 26
10. Piščanec z mandarinino lupino 28
11. Piščanec v sezamovi omaki 31
12. Domači Mac in sir 34
13. Kremni Mac in sir s hrustljavo slanino 36
14. Mac-and-cheese iz špinače in artičok 39
15. Mac and Cheese Slider 42
16. Jastog Mac in sir 44
17. Mac in "Cheese" Thomasa Jeffersona 47
18. Pečena šunka v virginijskem slogu 49

GEORGE WASHINGTON 51

19. Ribja juha Georgea Washingtona 52
20. Pecivo iz koruzne moke Georgea Washingtona 54
21. Ostrige na žaru s česnovim parmezanovim maslom 56
22. Ananasova salsa na žaru 58
23. Stročji fižol na žaru s pomarančo in sezamom: 60
24. Ocvrt piščanec 62
25. Kremna juha iz arašidov 64
26. Pecivo Georgea Washingtona 66
27. Goveja pečenka z gobovo omako 68
28. Češnjev puding 70
29. Dušena govedina in krompir Georgea Washingtona 72
30. Kremna špinača 74
31. Ocvrte ostrige Georgea Washingtona 76
32. Jabolčna ponev Dowdy 78
33. Piškoti iz sladkega krompirja 80

BENJAMIN FRANKLIN 82

34. Ocvrte ostrige Benjamina Franklina 83

35. Parmezan iz jajčevca 85
36. Zrezek Benjamina Franklina 87
37. Italijanska teletina in paprika 89
38. Linguine s sirovo omako 91
39. Manicotti Benjamina Franklina 93
40. Čebulna enolončnica Benjamina Franklina 95
41. Orientalska svinjina Benjamina Franklina 97
42. Picadillo kubanski hamburgerji 99
43. Drzni zrezek Benjamina Franklina 101
44. Sherry kozica Benjamina Franklina 103

JOHN ADAMS 105
45. Jabolčna pita Johna Adamsa 106
46. Dušena govedina Johna Adamsa 108
47. Newburški jastog 110
48. Goveja pečenka z jorkširskim pudingom 112
49. Indijski puding 114
50. Ostrigina enolončnica Johna Adamsa 116
51. Pečen fižol Johna Adamsa 118
52. Poprova juha Johna Adamsa 120
53. Goveja pečenka 122

MARTHA WASHINGTON 124
54. Kuhani šparglji Marthe Washington 125
55. Škampi, klobasa Andouille in zdrob 127
56. Brisket Hash Marthe Washington 129
57. Buritosi za zajtrk Cajun 131
58. Omlete s kozicami in rakovicami 133
59. Kremni sirni zdrob 135
60. Piščančji frikasee 137
61. Ribja juha Marthe Washington 139
62. Jabolčna pita Marthe Washington 141
63. Pečen puran 143
64. Kremna špinača 145
65. Kuhana krema 147
66. Pomarančna marmelada 149

JAMES MADISON 151
67. Kremna špinača Jamesa Madisona 152
68. Krompirjev kuhar 154
69. Razorback krompir 156
70. Collard Greens 158
71. Virginijska šunka z glazuro iz rjavega sladkorja 160
72. Colonial Hoecakes 162

73. Škampi in zdrob 164
74. Ocvrte jabolčne pite 166
75. Goveja obara 168
76. Koruzni puding 170

ALEKSANDER HAMILTON 172

77. Pita z biftek Alexandra Hamiltona 173
78. Zajtrk Eggnog 175
79. Quiche Lorraine 177
80. Toast s kozicami 179

JOHN HANCOCK 181

81. Juha iz školjk Johna Hancocka 182
82. Pinto fižol in šunka 184
83. Rdeči fižol in riž 186
84. Food Style Lima fižol 188
85. Bostonski pečeni fižol 190
86. Jabolčni krofi 192
87. Kolonialni medenjaki 194
88. Šoo-Fly pita 196

BENJAMIN RUSH 198

89. Jabolčna pita Benjamina Rusha 199
90. Kitajska enolončnica 201
91. Francoska čebulna juha 203
92. Babičina podeželska goveja ječmenova juha 205
93. Juha iz volovskega repa 207

PAUL REVERE 209

94. Bostonski pečeni fižol Paula Revereja 210
95. Pečen polnjen jeseter 212
96. Ocvrt jezerski ostriž s krutoni Sally Lunn 214
97. Virginijska šunka in ostrige 216
98. Kuhana večerja iz Nove Anglije 218
99. Bourbonski češnjev preliv 220
100. Koruzni kolački Johnny 222

ZAKLJUČEK 224

UVOD

Stopite nazaj v čas in odkrijte kulinarične užitke revolucionarne dobe z Okusom ameriških ustanoviteljev. Ta kuharska knjiga ponuja edinstven pogled na zgodovino Združenih držav Amerike skozi prizmo hrane in pijače. Raziščite okuse in tradicijo mož, ki so zgradili narod, z več kot 100 pristnimi recepti, ki so bili prilagojeni sodobnim kuhinjam.

Od slavne češnjeve pite Marthe Washington do ljubljenega pečenega purana Benjamina Franklina in od najljubše enolončnice z ostrigami Alexandra Hamiltona do inovativnih makaronov s sirom Thomasa Jeffersona – ta kuharska knjiga oživlja okuse preteklosti. Vsak recept spremlja zgodovinska anekdota ali zabavno dejstvo, kar bralcem omogoča vpogled v življenja in okuse ustanovnih očetov.

Poleg receptov, Okus ameriških ustanovnih očetov vključuje kratko zgodovino hrane v revolucionarni dobi, ki poudarja kulinarične vplive in inovacije tistega časa. S čudovito fotografijo in preprostimi navodili je ta kuharska knjiga popolna za vse, ki jih zanimajo zgodovina, hrana ali oboje.

Ustanovitelji, Revolucionarna doba, Kulinarični užitki, Pristni recepti, Moderne kuhinje, Martha Washington, Benjamin Franklin, Alexander Hamilton, Thomas Jefferson, Zgodovinske anekdote, Kulinarični vplivi, Inovacije, Čudovita fotografija, Preprosta navodila.

THOMAS JEFFERSON

1. Makaroni in sir Thomasa Jeffersona

Sestavine:
1 lb komolec makaronov
4 žlice nesoljenega masla
4 žlice večnamenske moke
3 skodelice mleka
1 čajna žlička soli
1/2 čajne žličke črnega popra
1/4 čajne žličke muškatnega oreščka
2 skodelici naribanega cheddar sira

Navodila:
Makarone skuhamo po navodilih na embalaži in jih odcedimo.
V ločeni kozici na zmernem ognju stopite maslo.
Dodamo moko in nenehno mešamo 2-3 minute, dokler zmes ni gladka.
Postopoma prilivamo mleko in ves čas mešamo, da se ne naredijo grudice.
Omako med stalnim mešanjem kuhamo na majhnem ognju, dokler se ne zgosti.
Dodamo sol, poper in muškatni orešček ter dobro premešamo.
Dodajte sir in mešajte, dokler se ne stopi in dobro poveže.
Kuhane makarone dodamo v sirovo omako in mešamo, dokler niso dobro obloženi.
Postrezite toplo.

2. Vaniljev sladoled Thomasa Jeffersona

Sestavine:

2 skodelici težke smetane
1 skodelica polnomastnega mleka
3/4 skodelice granuliranega sladkorja
2 žlički čistega vanilijevega ekstrakta
Navodila:

V veliki ponvi zmešajte smetano, mleko in sladkor.
Mešanico segrevajte na srednjem ognju, občasno mešajte, dokler se
sladkor ne raztopi in je zmes vroča, vendar ne vre.
Odstavite ponev z ognja in vmešajte vanilijev ekstrakt.
Mešanico prestavimo v večjo skledo in pustimo, da se ohladi na sobno
temperaturo.
Skledo pokrijemo s plastično folijo in postavimo v hladilnik za vsaj 2
uri ali dokler ni mešanica popolnoma ohlajena.
Ohlajeno zmes vlijemo v aparat za sladoled in stepamo po navodilih
proizvajalca.
Sladoled prestavite v posodo, primerno za zamrzovanje, in zamrznite,
dokler se ne strdi, približno 2-3 ure.
Postrezite in uživajte!

3. Piščančji trakovi z limono

Sestavine

- 2 funta piščančjih prsi brez kosti

testo:

- $\frac{1}{2}$ skodelice moke
- $\frac{1}{2}$ skodelice koruznega škroba
- $\frac{1}{4}$ čajne žličke česnove soli
- $\frac{1}{2}$ čajne žličke dvojno delujočega pecilnega praška
- $\frac{1}{2}$ čajne žličke rastlinskega olja

omaka:

- 2 veliki limoni
- 3 žlice rjavega sladkorja
- $\frac{1}{2}$ skodelice belega vina
- 1 čajna žlička koruznega škroba
- 2 žlički vode
- vejice peteršilja za okras
- olje za globoko cvrtje

Navodila

1. V nizozemski pečici ali loncu za cvrtje segrejte olje na 350 °F.
2. Piščančje prsi brez kosti narežite na približno 3" dolge in $\frac{1}{2}$" široke trakove. Položite jih v plitvo skledo in pokrijte s plastično folijo ter postavite na stran.
3. V srednji skledi z veliko žlico zmešajte moko, koruzni škrob, pecilni prašek, sol in olje ter premešajte, dokler ni gladka.
4. Eno limono narežite na $\frac{1}{4}$" rezine in pustite na stran. Iz druge limone iztisnite sok v manjšo skledo, dodajte sladkor in belo vino ter dobro premešajte. Dati na stran.
5. V majhni skodelici zmešajte koruzni škrob in 2 čajni žlički vode. Mešajte, da se popolnoma premeša. Dati na stran.
6. Vsak kos piščanca potopite v testo in pustite, da presežek odteče nazaj v skledo.

7. Piščanca globoko ocvrite v majhnih serijah po 10–12 kosov. Piščančji trakovi morajo lepo porjaveti v 4–5 minutah. Pazite, da se ne zlepijo.
8. Končane trakove poberemo iz olja z žlico z režami in jih odcedimo na papirnatih brisačah.
9. Limonino omako skuhamo tako, da mešanico limone, sladkorja in vina zlijemo v majhno ponev in na močnem ognju zavremo tekočino. Dodajte mešanico koruznega škroba in vode in mešajte, dokler se zmes ne zgosti.
10. Odcejene kose piščanca položimo na pisan krožnik, za okras dodamo rezine limone in potresemo s peteršiljem. Zraven postrezite limonino omako.
11. Za 2–4 porcije

4. Perth globoko ocvrta krila

Sestavine

- 16 piščančjih kril
- 8 žlic sojine omake
- 7 žlic ostrigine omake
- 8 žlic sladkega šerija
- 3 žlice limetinega soka
- sol in poper po okusu
- 1 skodelica večnamenske moke
- 1 skodelica koruzne moke
- olje za globoko cvrtje

Navodila

1. Cvrtnik segrejte na 375 °F.
2. Piščančje peruti položite v neporozno stekleno posodo, plastično vrečko Ziploc ali posodo iz nerjavečega jekla. Z nožem naredite luknje v perutih, da bo marinada prodrla v meso.
3. V majhni posodi zmešajte sojino omako, ostrigino omako, šeri, limetin sok, sol in poper ter z mešanico prelijte piščanca. Posodo pokrijte ali vrečko zaprite in jo postavite v hladilnik za 12 do 24 ur.
4. Odstranite piščanca iz marinade in odstranite preostalo marinado. V plitvi posodi ali skledi zmešajte moko in v to mešanico stresite krila, dokler niso dobro prekrita z vseh strani.
5. V cvrtniku segrejemo olje. Perutnice kuhajte, dokler niso hrustljavo rjave, kuhane in iz njih izcedijo sokovi, približno 4–5 minut.
6. Odcedimo na papirnatih brisačah in postrežemo.
7. Služi 8

5. Popoln hrustljav ocvrt piščanec

Dobitek: 3 porcije

Sestavine

- 3 srednje (prazne) četrtine piščančjih nog, narezane na stegna in bedra
- 2 skodelici pinjenca ali po potrebi za pokritje
- ¾ skodelice večnamenske moke
- ¼ skodelice koruzne moke
- 1 čajna žlička granulirane čebule
- 1 čajna žlička granuliranega česna
- 1 čajna žlička mletega timijana
- 1 žlica soli
- ½ čajne žličke paprike
- ¼ čajne žličke mononatrijevega glutamata (MSG)
- ¼ čajne žličke pecilnega praška
- ⅛ čajne žličke kajenskega popra
- 4 veliki beljaki beljake penasto stepite
- 2 skodelici rastlinskega olja za cvrtje

Navodila

a) Piščančje krače in stegna položite v skledo in pinjenca prelijte s toliko pinjenca, da je pokrito. Pokrijte in ohladite 12 do 24 ur.

b) V veliki, široki skledi zmešajte moko, koruzni zdrob, granulirano čebulo, granuliran česen, timijan, sol, papriko, mononatrijev glutamat, pecilni prašek in kajenski poper.

c) Odstranite piščanca iz pinjenca in otresite presežek. Zavrzite pinjenec.

d) Piščanca posušite s papirnatimi brisačami.

e) Piščančje meso pomakamo v beljake in vtisnemo v mešanico moke. Obloženega piščanca pustite počivati na rešetki 20 do 30 minut.

f) Litoželezno ponev ali cvrtnik napolnite z rastlinskim oljem do približno 1/3. Segrejte na 350 stopinj F (175 stopinj C).

g) Pečico segrejte na 250 stopinj F (120 stopinj C).

h) Piščanca v vročem olju v serijah cvremo do zlato rjave barve in ne rožnate barve na sredini, 8 do 10 minut na vsako stran. Bedra se lahko cvrejo dlje kot bedra. Ocvrtega piščanca preložite na rešetko ali pladenj, obložen s papirnatimi brisačami, da se odcedi.

i) Piščanca hranite na toplem v ogreti pečici, medtem ko pecite preostale kose.

6. <u>Opečen piščanec</u>

Porcija: 7

Sestavine
- 1 skodelica mešanice za peko iz pinjenca
- 1/3 skodelice sesekljanih pekanov
- 2 žlički paprike
- 1/2 čajne žličke soli
- 1/2 čajne žličke začimb za perutnino
- 1/2 čajne žličke posušenega žajblja
- 1 (2 do 3 funte) celega piščanca, narezanega na kose
- 1/2 skodelice evaporiranega mleka
- 1/3 čajne žličke masla, stopljenega

Smer
a) Pečico segrejte na 175 °C/350 °F. Namastite 13x9-in. pekač rahlo.
b) V plitvi posodi zmešajte žajbelj, začimbe za perutnino, sol, papriko, orehe in mešanico piškotov.
c) Kose piščanca potopite v evaporirano mleko. Velikodušno premažite z mešanico pekanov. Kose položite v pripravljen pekač. Pokapljamo s stopljenim maslom/margarino.
d) Pecite 1 uro pri 175 °C/350 °F, dokler sokovi niso bistri.

7. Pravi južni ocvrt piščanec

Porcija: 4 porcije

Sestavine
- 3 skodelice pinjenca, razdeljeno
- 3 čajne žličke košer soli, razdeljene
- 1 čajna žlička grobo mletega popra, razdeljena
- 1 brojler/cvrtnik (3 do 4 funte), narezan
- Olje za globoko cvrtje
- 2 skodelici večnamenske moke
- 1 čajna žlička čebule v prahu
- 1 čajna žlička česna v prahu
- 1 čajna žlička paprike

Smer
a) Stepite 1/8 žličke. poper, 1 žlička. soli in 2 skodelici pinjenca skupaj v plitvi skledi. Dodajte piščanca in nato obrnite na plašč; pokrito ohladite čez noč.
b) V cvrtniku ali električni ponvi segrejte olje na 375 °. Medtem dajte ostanke pinjenca v plitvo skledo. V drugi plitvi skledi zmešajte ostanke popra in soli, papriko, česen v prahu, čebulo v prahu in moko.
c) Za 2. sloj paniranja dajte 1/2 mešanice moke v ločeno plitvo skledo. Odcedite piščanca, zavrzite marinado in nato posušite piščanca; potopite v mešanico moke, dokler ni prevlečena na obeh straneh, nato stresite presežek.
d) Potopite v pinjenec; pustite, da odvečno odteče. Piščanca potopite v mešanico ostankov moke za 2. plast paniranja in potapkajte, da se premaz sprime.
e) Cvrite piščanca, nekaj kosov naenkrat, dokler sok ni bister in piščanec porjavi, približno 4-5 minut na stran; položite na papirnate brisače, da se odcedijo.

8. Thomasa Jeffersona Osnovni ocvrt piščanec

Naredi: 4

SESTAVINE:
- ⅓ skodelice moke
- 1 čajna žlička soli ali po okusu
- ¼ čajne žličke mletega popra ali po okusu
- 1 piščanec, narezan na servirne kose
- ½ skodelice zelenjavne masti

NAVODILA:
a) V veliki plastični vrečki zmešajte moko s soljo in poprom. Piščanca stresite v vrečko z mešanico. V veliki, globoki ponvi na srednjem ognju stopite mast.
b) Piščanca kuhajte nepokritega, segrevajte 20 do 30 minut na vsaki strani ali dokler ni pečen.

9. V pečici ocvrt piščanec, na jugozahodni način

SESTAVINE:

- 1 piščanec, narezan na servirne kose
- 1 skodelica pinjenca
- ¾ čajne žličke tabaska, neobvezno
- Rastlinsko olje za cvrtje
- ½ skodelice moke
- ½ skodelice koruznega zdroba
- 1 čajna žlička soli
- ¾ čajne žličke čilija v prahu
- ¼ čajne žličke mletega popra

NAVODILA:

a) Piščanca položite v veliko skledo. Potresemo s tabaskom.

b) Po vrhu prelijte pinjenec in pustite, da se marinira 10 do 15 minut. Pečico segrejte na 425oF. Na dno težkega pekača, ki je dovolj velik, da sprejme piščanca brez gneče, dajte ½ palca olja. Pekač postavite v pečico, da se segreje za 10 minut.

c) V plastični vrečki zmešajte preostale sestavine. Piščanca stresemo v začinjeno moko. Odstranite kose enega za drugim in jih hitro potisnite v vroče olje. Postavite v pečico in pecite 20 minut. Obrnite in pecite še 10 do 15 minut ali dokler ni piščanec pečen.

d) Piščanca odcedimo na zmečkanih papirnatih brisačah.

10. Piščanec z mandarinino lupino

SESTAVINE:
- 3 večji beljaki
- 2 žlici koruznega škroba
- 1½ žlice lahke sojine omake, razdeljeno
- ¼ čajne žličke mletega belega popra
- ¾ funta piščančjih beder brez kosti in kože, narezanih na majhne koščke
- 3 skodelice rastlinskega olja
- 4 olupljene rezine svežega ingverja, vsaka približno v velikosti četrtine
- 1 čajna žlička sečuanskega popra, rahlo nadrobljenega
- Košer sol
- ½ rumene čebule, tanko narezane na ¼ palca široke trakove
- Lupina 1 mandarine, narezana na ⅛ palca debele trakove
- Sok 2 mandarin (približno ½ skodelice)
- 2 žlički sezamovega olja
- ½ čajne žličke riževega kisa
- Svetlo rjavi sladkor
- 2 glavici, narezani na tanke rezine, za okras
- 1 žlica sezamovih semen, za okras

NAVODILA:
a) V skledi za mešanje z vilicami ali metlico penasto stepamo beljake in tako dolgo, da se čvrstejše kepe spenijo. Vmešajte koruzni škrob, 2 čajni žlički svetle soje in beli poper, dokler se dobro ne premeša. Zložite piščanca in marinirajte 10 minut.

b) V vok vlijemo olje; olje naj bo globoko približno 1 do 1½ palca. Olje segrejte na 375 °F na srednje močnem ognju. Da je olje prave temperature, lahko ugotovite, ko vanj pomočite konec lesene žlice. Če olje mehurči in cvrči okoli njega, je olje pripravljeno.

c) Z žlico z režami ali lopatico za vok odstranite piščanca iz marinade in otresite odvečno. Previdno spustimo v vroče olje. Piščanca v serijah pražite 3 do 4 minute oziroma dokler piščanec ni zlato rjav in hrustljav na površini. Prenesite na s papirnato brisačo obložen krožnik.

d) Iz voka odlijte vse razen 1 žlice olja in ga postavite na srednje močan ogenj. Zavrtite olje, da premažete dno voka. Olje začinimo z ingverjem, poprom v zrnu in ščepcem soli. Pustite, da ingver in poprova zrna cvrčijo v olju približno 30 sekund in jih nežno vrtite.

e) Dodamo čebulo in med mešanjem pražimo, premetavamo in obračamo z lopatico iz voka 2 do 3 minute ali dokler čebula ne postane mehka in prosojna. Dodamo mandarinino lupino in med mešanjem pražimo še eno minuto ali dokler ne zadiši.

f) Dodajte sok mandarin, sezamovo olje, kis in ščepec rjavega sladkorja. Omako zavrite in kuhajte približno 6 minut, dokler se ne zmanjša za polovico. Biti mora sirupast in zelo oster. Okusite in po potrebi dodajte ščepec soli.

g) Ugasnemo ogenj in dodamo ocvrtega piščanca, ki ga prelijemo z omako. Piščanca prenesite na krožnik, zavrzite ingver in okrasite z narezanimi česmi in sezamovimi semeni. Postrezite toplo.

11.   Piščanec v sezamovi omaki

SESTAVINE:
- 3 večji beljaki
- 3 žlice koruznega škroba, razdeljene
- 1½ žlice lahke sojine omake, razdeljeno
- 1 funt piščančjih beder brez kosti in kože, narezanih na majhne koščke
- 3 skodelice rastlinskega olja
- 3 olupljene rezine svežega ingverja, vsaka približno v velikosti četrtine
- Košer sol
- Kosmiči rdeče paprike
- 3 stroki česna, grobo sesekljani
- ¼ skodelice piščančje juhe z nizko vsebnostjo natrija
- 2 žlici sezamovega olja
- 2 glavici, narezani na tanke rezine, za okras
- 1 žlica sezamovih semen, za okras

NAVODILA:
a) V skledi za mešanje z vilicami ali metlico stepamo beljake, da postanejo penasti in da se čvrstejše beljakove kepe spenijo. Zmešajte 2 žlici koruznega škroba in 2 čajni žlički svetle soje, dokler se dobro ne zmešata. Zložite piščanca in marinirajte 10 minut.

b) V vok vlijemo olje; olje naj bo globoko približno 1 do 1½ palca. Olje segrejte na 375 °F na srednje močnem ognju. Da je olje prave temperature, lahko ugotovite, ko vanj pomočite konec lesene žlice. Če olje mehurči in cvrči okoli njega, je olje pripravljeno.

c) Z žlico z režami ali lopatico za vok odstranite piščanca iz marinade in otresite odvečno. Previdno spustimo v vroče olje. Piščanca v serijah pražite 3 do 4 minute oziroma dokler piščanec ni zlato rjav in hrustljav na površini. Prenesite na s papirnato brisačo obložen krožnik.

d) Iz voka odlijte vse razen 1 žlice olja in ga postavite na srednje močan ogenj. Zavrtite olje, da premažete dno voka. Olje začinite z dodatkom ingverja in ščepca soli ter rdeče paprike. Pustite, da ingver in poprovi kosmiči približno 30 sekund cvrčijo v olju in jih nežno vrtite.

e) Dodamo česen in med mešanjem pražimo, premetavamo in obračamo z lopatico iz voka 30 sekund. Vmešajte piščančjo juho, preostali 2½ čajne žličke svetle soje in preostalo 1 žlico koruznega škroba. Kuhajte 4 do 5 minut, da se omaka zgosti in postane svetleča. Dodajte sezamovo olje in premešajte, da se združi.

f) Ugasnemo ogenj in dodamo ocvrtega piščanca, ki ga prelijemo z omako. Odstranite ingver in ga zavrzite. Prenesite na krožnik in okrasite z narezanimi česmi in sezamovimi semeni.

12.   Domači Mac and Cheese

Naredi: 8 obrokov

Sestavine

- 2-1/2 skodelice nekuhanih komolcev
- 1/4 skodelice masla, narezanega na kocke
- 1/4 skodelice večnamenske moke
- 1/2 čajne žličke soli
- 1/4 čajne žličke popra
- 3 skodelice 2% mleka
- 5 skodelic naribanega ostrega cheddar sira, razdeljenega
- 2 žlici Worcestershire omake
- 1/2 čajne žličke paprike

Navodila

a) Pečico segrejte na 350°. Skuhajte makarone v skladu z navodili na embalaži za al dente.

b) Medtem v večji kozici na zmernem ognju segrejemo maslo. Vmešajte moko, sol in poper, dokler ni gladka; postopoma vmešajte mleko. Med stalnim mešanjem zavremo; kuhamo in mešamo, dokler se ne zgosti, 2-3 minute.

c) Zmanjšajte toploto. Mešajte 3 skodelice sira in Worcestershire omake, dokler se sir ne stopi.

d) Odcedite makarone; vmešamo v omako. Prenesite v namaščen 10-in. ponev, odporna na pečico. Pečemo, nepokrito, 20 minut. Vrh s preostalim sirom; potresemo s papriko. Pecite, dokler ni mehurčkov in se sir stopi, 5-10 minut.

13.   <u>Kremni Mac in sir s hrustljavo slanino</u>

SESTAVINE

4 rezine slanine brez glutena, narezane (neobvezno, nadomestite z 2 žlicama [30 ml] olja za vegetarijance)
1/2 majhne čebule, naribane
33/4 skodelice (880 ml) vode
12 unč (340 g) nekuhanih komolcev brez glutena, kot je znamka Barilla
1 1/2 čajne žličke košer ali fine morske soli
1 pločevinka (12 unč ali 340 g) evaporiranega mleka (ne sladkanega kondenziranega) ali polnomastnega mleka
1 čajna žlička suhe gorčice v prahu
1 čajna žlička črnega popra
1/2 čajne žličke muškatnega oreščka (neobvezno)
24 unč (672 g) zelo ostro naribanega sira čedar
8 unč (227 g) naribanega sira fontina ali Monterey Jack
2 unči (56 g) naribanega parmezana
Pekoča omaka po okusu (neobvezno)
(Blagovna znamka Sriracha je brez glutena)

METODA

1. Pritisnite Sauté na vašem električnem loncu na pritisk. Ko je vroče, dodajte slanino v notranji lonec in jo med mešanjem kuhajte, dokler ni hrustljava. Prenesite na s papirnato brisačo obložen krožnik, da se ohladi. Iz notranjega lonca odstranite vse maščobe razen 2 žlic (30 ml). Dodajte čebulo in med mešanjem kuhajte, dokler se popolnoma ne zmehča, približno 5 minut. Pritisnite Prekliči.
2. V notranji lonec dodajte vodo, testenine in sol. Premešamo in pazimo, da so testenine povsem prekrite s tekočino. Zaprite in zaklenite pokrov ter se prepričajte, da je ročaj za izpust pare v tesnilnem položaju. Kuhajte na visokem tlaku 1 minuto.
3. Ko je končano, naravno sprostite tlak za 4 minute, nato počasi odzračite preostali tlak tako, da premikate ročico

med odzračevanjem in tesnjenjem, tako da nekoliko izpustiteparo naenkrat. Za zaščito rok uporabite vročo blazinico. Ko izpustite vso paro, odklenite pokrov in ga previdno odprite.

4. Preizkusite testenine; mora biti ravno nežen in ne preveč žvečljiv. Kuhanje se bo nadaljevalo, ko boste končali s pripravo jedi. Če potrebujete več časa, lonec na pritisk ponovno pokrijte s pokrovom in pustite nekaj minut počivati.

5. V kuhane testenine vmešajte mleko, gorčico v prahu, poper in muškatni orešček. Mešajte do enakomerne porazdelitve. Po malem dodajajte sire in mešajte, dokler se ne stopijo in postanejo kremasti, preden jih dodate še. Po želji dodamo še malo pekoče omake. Če omaka postane pregosta, dodajte 1/4 skodelice (60 ml) vroče vode ali več, da jo razredčite. Okusite in po potrebi prilagodite začimbe. Slanino zdrobimo in potresemo po vrhu; postrezite takoj.

OPOMBA: čas za testenine se lahko spremeni glede na znamko testenin, ki jo uporabljate.

Dobitek: približno 4 porcije

Mac-and-cheese iz špinače in artičok

Sestavine

- 6 žlic soljenega masla, pri sobni temperaturi, plus več za mazanje
- 1 (1-funt) škatla kratko rezanih testenin, kot so makaroni
- 2 skodelici polnomastnega mleka
- 1 (8 unč) paket kremnega sira, narezanega na kocke
- 3 skodelice naribanega ostrega cheddar sira
- Košer sol in sveže mlet poper
- Mlet kajenski poper
- 2 skodelici sveže narezane mlade špinače
- 1 (8 unč) kozarec mariniranih artičok, odcejenih in grobo narezanih
- 1$\frac{1}{2}$ skodelice zdrobljenih krekerjev Ritz (približno 1 tulec)
- $\frac{3}{4}$ čajne žličke česna v prahu

Navodila

a) Pečico segrejte na 375°F. Namastite pekač 9 × 13 palcev.

b) V veliki kozici na močnem ognju zavrite 4 skodelice slane vode. Dodajte testenine in jih med občasnim mešanjem kuhajte 8 minut. Vmešajte mleko in kremni sir ter kuhajte, dokler se kremni sir ne stopi in so testenine al dente, še približno 5 minut.

c) Ponev odstavite z ognja in vanjo vmešajte 2 skodelici čedarja in 3 žlice masla. Začinite s soljo, poprom in kajenskim pekom. Vmešajte špinačo in artičoke. Če se vam zdi omaka pregosta, dodajte $\frac{1}{4}$ skodelice mleka ali vode, da jo razredčite.

d) Zmes preložimo v pripravljen pekač. Prelijte s preostalo 1 skodelico cheddarja.

e) V srednji skledi zmešajte krekerje, preostale 3 žlice masla in česen v prahu. Drobtine enakomerno potresemo po macu in siru.

f) Pecite, dokler omaka ne začne brbotati in drobtine niso zlate, približno 20 minut. Pustite, da se ohladi 5 minut in postrezite. Morebitne ostanke hranite v hladilniku v nepredušni posodi do 3 dni.

15.   Mac and Cheese Slider

Velikost porcije: 12

Sestavine:
- 1 skodelica makaronov
- 1 žlica masla
- Popramo po okusu
- 1 ½ čajne žličke večnamenske moke
- ½ skodelice mleka
- ¾ skodelice sira cheddar, naribanega
- 18 oz. Havajski sladki zvitki
- 16 oz. na žaru narezana svinjina, kuhana
- 1 žlica medu
- ½ čajne žličke mlete gorčice
- 2 žlici masla, stopljeno

Navodila

a) Pečico segrejte na 375 stopinj F.
b) Testenine skuhajte po navodilih na embalaži.
c) Odcedimo in odstavimo.
d) Dodajte maslo v ponev na srednji vročini.
e) Vmešamo poper in moko.
f) Mešajte do gladkega.
g) Zavremo in mešamo.
h) Kuhajte 3 do 5 minut.
i) Dodamo sir in med mešanjem kuhamo, dokler se ne stopi.
j) V ponev dodamo kuhane testenine.
k) Dno zavitkov razporedimo po pekaču.
l) Na vrh položite mešanico sira in testenin, narezano svinjino in vrhove zvitkov.
m) V manjši skledici zmešajte med, gorčico in maslo.
n) S to mešanico premažite vrhove.
o) Pečemo v pečici 10 minut.

16.   Jastog Mac in sir

Velikost obrokov: 2

Sestavine
- 1 žlica oljčnega olja
- 3 repi jastoga, prepolovljeni po dolžini in razrezani
- 3 žlice masla
- 2 žlici moke
- 1 $\frac{1}{2}$ skodelice pol in pol
- $\frac{1}{2}$ skodelice mleka
- $\frac{1}{4}$ čajne žličke paprike
- $\frac{1}{4}$ čajne žličke čilija v prahu
- Sol po okusu
- $\frac{1}{4}$ čajne žličke Worcestershire omake
- $\frac{1}{2}$ skodelice naribanega sira Cheddar
- 3 žlice naribanega sira Gruyere
- 1 skodelica pripravljenih komolcev
- $\frac{1}{2}$ skodelice Panko drobtin
- $\frac{1}{4}$ skodelice stopljenega masla
- 5 žlic naribanega parmezana

Navodila
a) Pečico segrejte na 400 stopinj.
b) Dve gratinirani posodi premažemo s sprejem proti prijemanju
c) V ponvi segrejte olje in na srednjem ognju pražite repke jastoga 2 minuti.
d) Pustite, da se jastogi ohladijo in ločijo meso od lupin.
e) Meso sesekljajte in zavrzite lupine.
f) Uporabite isto ponev, da stopite maslo.
g) Naredite mešanico z mešanjem moke in nadaljujte z mešanjem 1 minuto.
h) Prilijemo pol in pol ter mleko in nadaljujemo z mešanjem 3 minute.
i) Pustite, da tekočina zavre in dodajte papriko, čili v prahu, sol in Worcestershire omako.

45

j) Pustimo vreti 4 minute.

k) Dodajte sira cheddar in gruyere ter mešajte 5 minut, dokler se sir ne stopi.

l) Sirni omaki dodajte makarone in nežno vmešajte koščke jastoga.

m) Obe gratinirani posodi napolnite z mešanico maka in sira.

n) V skledi zmešajte Panko, stopljeno maslo in parmezan.

o) Mešanico pokapajte čez mac in sir.

p) Mac in sir pečemo 15 minut.

Mac in "Cheese" Thomasa Jeffersona

SLUŽBA 4

12 unč polnozrnatih komolcev, kuhanih v skladu z navodili na embalaži, odcejenih in shranjenih na toplem
1 serija omake brez sira
1½ čajne žličke dimljene paprike ali po okusu
¼ čajne žličke kajenskega popra, neobvezno

1. Pečico segrejte na 350°F.
2. Kuhane testenine dajte v večjo skledo. Dodajte omako brez sira, papriko in kajenski poper, če ga uporabljate, ter dobro premešajte.
3. Mešanico nalijte v pekač velikosti 9 × 13 palcev in pecite 30 minut ali dokler ne nastanejo mehurčki.

18.   Pečena šunka na virginijski način

Sestavine:
1 8-10 lb prekajene šunke s kostmi
1/2 skodelice dijonske gorčice
1/2 skodelice temno rjavega sladkorja
1/4 skodelice jabolčnega kisa
1 žlička mletih nageljnovih žbic
1/2 žličke mletega cimeta

navodila:
Pečico segrejte na 325°F.
Odstranite kožo s šunke in obrežite odvečno maščobo, tako da pustite tanko plast.
V majhni skledi zmešajte dijonsko gorčico, temno rjavi sladkor, jabolčni kis, mlete nageljnove žbice in mleti cimet, dokler se dobro ne premešajo.
Šunko položite v velik pekač in šunko premažite z glazuro.
Šunko pecite približno 2 1/2 do 3 ure, vsakih 30 minut prelijte z glazuro, dokler notranja temperatura šunke ne doseže 140 °F.
Odstranite šunko iz pečice in jo pustite počivati približno 10-15 minut, preden jo narežete in postrežete.

GEORGE WASHINGTON

19. Ribja juha Georgea Washingtona

Sestavine:

1 lb sveže ribe, narezane na majhne koščke
2 žlici masla
2 skodelici vode
1 čebula, sesekljana
2 krompirja, olupljena in narezana na kocke
1 skodelica mleka
Sol in poper po okusu

Navodila:
V velikem loncu na zmernem ognju stopite maslo.
Dodamo čebulo in pražimo 3-4 minute, dokler ni mehka.
V lonec dodajte vodo, krompir in ribe.
Začinimo s soljo in poprom.
Juho med občasnim mešanjem kuhajte 15-20 minut.
Dodajte mleko in segrejte.
Postrezite toplo.

20.   Pecivo iz koruzne moke Georgea Washingtona

Sestavine:

1 skodelica koruznega zdroba
1/2 skodelice moke
1 čajna žlička pecilnega praška
1/2 čajne žličke soli
1/2 čajne žličke sladkorja
1 jajce
1 skodelica mleka
2 žlici masla, stopljeno
Rastlinsko olje, za cvrtje
navodila:

V veliki skledi zmešajte koruzni zdrob, moko, pecilni prašek, sol in sladkor.
V ločeni skledi zmešajte jajce, mleko in stopljeno maslo.
Dodajte mokre sestavine k suhim sestavinam in mešajte, dokler se le ne povežejo.
V veliki ponvi na srednje močnem ognju segrejte majhno količino rastlinskega olja.
Maso po žlicah polagajte v ponev in pecite do zlato rjave barve na obeh straneh.
Odstranite iz ponve in položite na krožnik, obložen s papirnato brisačo, da se ohladi.

21.   Ostrige na žaru s česnovim parmezanovim maslom

Sestavine:

24 ostrig, oluščenih, s polovičnimi školjkami
1/2 skodelice nesoljenega masla, zmehčanega
2 stroka česna, nasekljana
1/2 skodelice naribanega parmezana
1/4 skodelice sesekljanega svežega peteršilja
Sol in poper po okusu
Limonine rezine, za serviranje
Navodila:

Predgrejte žar na visoko temperaturo.
V majhni skledi zmešajte maslo, česen, parmezan, peteršilj, sol in poper, da se dobro povežejo.
Polovice lupin ostrig položite na žar.
V vsako lupino žlico nalijte malo česnovo parmezanovo maslo.
Na maslo v vsako lupino položite ostrigo.
Na vrh vsake ostrige nalijte še česnovo parmezanovo maslo.
Ostrige pecite na žaru približno 5 minut oziroma dokler se maslo ne stopi in so ostrige kuhane.
Postrezite vroče z rezinami limone.

22.   Ananasova salsa na žaru

Sestavine:

1 ananas, olupljen, razrezan in narezan na kolobarje
1 rdeča paprika, narezana na kocke
1/2 rdeče čebule, narezane na kocke
1 jalapeno poper, brez semen in mlet
1/4 skodelice sesekljanega svežega cilantra
2 žlici limetinega soka
Sol in poper po okusu
Navodila:

Predgrejte žar na visoko temperaturo.
Količke ananasa pecite na žaru približno 2-3 minute na vsako stran ali dokler rahlo ne zogenejo.
Ananas odstranite z rešetke in pustite, da se nekoliko ohladi.
Na žaru pečen ananas narežemo na kocke in ga damo v veliko skledo.
V skledo dodajte na kocke narezano rdečo papriko, rdečo čebulo, jalapeno poper, koriander, limetin sok, sol in poper.
Mešajte, dokler se vse sestavine dobro ne povežejo.
Postrezite takoj ali ohladite v hladilniku, dokler ni pripravljen za serviranje.

23. Stročji fižol na žaru s pomarančo in sezamom:

Sestavine:

1 funt svežega zelenega fižola, narezanega
1 žlica rastlinskega olja
1 čajna žlička sezamovega olja
2 žlici pomarančnega soka
1 čajna žlička naribane pomarančne lupinice
1 žlica praženih sezamovih semen
Sol in poper po okusu
Navodila:

Predgrejte žar na visoko temperaturo.
V veliki skledi zmešajte rastlinsko olje, sezamovo olje, pomarančni
sok, pomarančno lupinico, sol in poper.
Dodajte stročji fižol v skledo in ga premešajte.
Stročji fižol položite na žar in kuhajte približno 5-7 minut ali
dokler se ne zmehča in rahlo zoglene.
Odstranite stročji fižol z žara in ga preložite v servirno posodo.
Po vrhu stročjega fižola potresemo pražena sezamova semena.
Postrezite toplo.

24. Ocvrt piščanec

Sestavine:

2-3 lbs kosov piščanca
1 skodelica večnamenske moke
1 žlička paprike
1 žlička česna v prahu
1 žlička soli
1/2 žličke črnega popra
Rastlinsko olje za cvrtje

navodila:
V veliki skledi zmešajte moko, papriko, česen v prahu, sol in črni poper.
Kose piščanca potopite v mešanico moke in otresite odvečno količino.
V veliki ponvi segrejte približno 1/2 palca rastlinskega olja na srednje močnem ognju, dokler ni vroče, vendar se ne kadi.
Kose piščanca pražite v serijah, dokler niso zlato rjavi in pečeni, približno 10-12 minut na stran.
Piščanca odcedimo na papirnatih brisačah in vročega postrežemo.

25. Kremna juha iz arašidov

Sestavine:

1/4 skodelice nesoljenega masla
1/4 skodelice večnamenske moke
4 skodelice piščančje juhe
1 skodelica gladkega arašidovega masla
1 skodelica težke smetane
Sol in črni poper po okusu
Sesekljani praženi arašidi za okras (neobvezno)

navodila:
V veliki kozici na zmernem ognju stopite maslo. Dodamo moko in mešamo do gladkega. Med stalnim mešanjem kuhamo 1-2 minuti.
Med nenehnim mešanjem postopoma vmešajte piščančjo juho, dokler zmes ni gladka.
Mešanico zavremo in med občasnim mešanjem kuhamo 10-15 minut, da se rahlo zgosti.
Vmešajte arašidovo maslo in smetano ter med občasnim mešanjem kuhajte 5-10 minut, dokler se juha ne segreje in se arašidovo maslo stopi in postane gladko.
Juho po okusu začinimo s soljo in črnim poprom.
Postrezite vroče, po želji okrasite s sesekljanimi praženimi arašidi.

26.   Pecivo Georgea Washingtona

Sestavine:

1 skodelica rumene koruzne moke
1/4 žličke soli
1/4 žličke sode bikarbone
1 skodelica vrele vode
Rastlinsko olje za cvrtje

navodila:
V srednje veliki skledi zmešajte koruzni zdrob, sol in sodo
bikarbono.
Med stalnim mešanjem postopoma vmešajte vrelo vodo, dokler
zmes ni gladka.
V veliki ponvi na srednje močnem ognju segrejte približno 1/4
palca rastlinskega olja.
Maso po žlicah polagamo v vroče olje in pražimo do zlato rjave in
hrustljave barve, približno 2-3 minute na stran.
Kolačke odcedimo na papirnatih brisačah in postrežemo tople.

27. Goveja pečenka z gobovo omako

© Eat Simple Food

Sestavine:

1 3-4 lb goveje pečenke
Sol in črni poper po okusu
2 žlici rastlinskega olja
2 čebuli, sesekljani
2 stroka česna, nasekljana
8 oz gob, narezanih
2 skodelici goveje juhe
1/4 skodelice večnamenske moke

navodila:
Pečico segrejte na 350°F.
Govejo pečenko po okusu začinimo s soljo in črnim poprom.
V veliki ponvi, odporni na pečico, segrejte rastlinsko olje na srednje močnem ognju.
Govejo pečenko pražimo z vseh strani, dokler ne porjavi, približno 5-6 minut na stran.
Ponev prestavite v pečico in goveje meso pecite približno 1-2 uri ali dokler ni pečeno do želene stopnje pečenosti.
Odstranite ponev iz pečice in prenesite govedino na desko za rezanje. Šotor s folijo in pustite počivati 10-15 minut pred rezanjem.
7. Medtem ko govedina počiva, pripravimo gobovo omako. V isti ponvi, v kateri ste kuhali govedino, na srednjem ognju pražite čebulo, česen in gobe, dokler se ne zmehčajo in porjavijo, približno 5-7 minut.
Po zelenjavi potresemo moko in premešamo, da se poveže. Med stalnim mešanjem kuhamo 1-2 minuti.
Med nenehnim mešanjem postopoma vmešajte govejo juho, dokler zmes ni gladka.
Omako zavremo in med občasnim mešanjem kuhamo 5-10 minut, dokler se ne zgosti in nekoliko zreducira.
Omako po okusu začinimo s soljo in črnim poprom.
Zraven postrezite narezano govedino z gobovo omako.

28.   Češnjev puding

Sestavine:

1 skodelica sladkorja
1 skodelica večnamenske moke
2 žlički pecilnega praška
1/2 žličke soli
1/2 skodelice mleka
2 skodelici svežih češenj brez koščic
1/2 skodelice nesoljenega masla, stopljenega
1 skodelica vrele vode

navodila:
Pečico segrejte na 350°F.
V srednji skledi zmešajte sladkor, moko, pecilni prašek in sol.
Mešajte mleko in češnje, dokler se dobro ne povežejo.
Stopljeno maslo vlijemo v 8-palčni kvadratni pekač.
Češnjevo mešanico prelijemo na maslo.
Češnjevo mešanico previdno prelijemo z vrelo vodo.
Pečemo 40-45 minut oziroma dokler ni vrh zlato rjave barve in puding ni kuhan.
Postrezite toplo z vaniljevim sladoledom ali stepeno smetano.

29. Dušena govedina in krompir Georgea Washingtona

Sestavine:

2 kg goveje enolončnice, narezane na grižljaje
Sol in črni poper po okusu
2 žlici rastlinskega olja
2 čebuli, sesekljani
2 stroka česna, nasekljana
2 skodelici goveje juhe
4-6 krompirjev, olupljenih in narezanih na grižljaje

navodila:
Govejo obaro po okusu začinimo s soljo in črnim poprom.
V veliki nizozemski pečici ali loncu segrejte rastlinsko olje na
srednje močnem ognju.
Govejo enolončnico pražimo z vseh strani, dokler ne porjavi,
približno 5-6 minut na stran.
Dodajte čebulo in česen v lonec in pražite, dokler se ne zmehčata
in porjavita, približno 5-7 minut.
V lonec dodamo govejo juho in zavremo.
Ogenj zmanjšamo na nizko in lonec pokrijemo. Kuhajte 1-2 uri ali
dokler govedina ni mehka in kuhana.
Dodajte krompir v lonec in pustite vreti še 30-45 minut oziroma
dokler se krompir ne skuha in zmehča.
Enolončnico po okusu začinimo s soljo in črnim poprom.
Postrezite vroče s hrustljavim kruhom ali piškoti.

30. Kremna špinača

Sestavine:

2 kg sveže špinače, oprane in narezane
2 žlici nesoljenega masla
2 žlici večnamenske moke
1 skodelica mleka
1/2 žličke soli
1/4 žličke črnega popra
1/4 žličke mletega muškatnega oreščka

navodila:
V velikem loncu ali pečici špinačo blanširajte v vreli vodi 2-3 minute.
Špinačo odcedimo in jo splaknemo pod mrzlo vodo, da zaustavimo proces kuhanja. Odvečno vodo iztisnite.
V istem loncu na srednjem ognju raztopimo maslo.
Dodamo moko in mešamo do gladkega. Med stalnim mešanjem kuhamo 1-2 minuti.
. Med stalnim mešanjem postopoma vmešajte mleko, dokler zmes ni gladka.
6. Dodajte sol, črni poper in muškatni orešček ter premešajte, da se združi.
V lonec dodamo blanširano špinačo in premešamo, da se prelije s smetanovo omako.
Špinačo kuhajte na srednjem ognju 5-7 minut oziroma dokler se omaka ne zgosti in se špinača segreje.
Postrezite vroče kot prilogo.

31.   Ocvrte ostrige Georgea Washingtona

Sestavine:

1 pol litra oluščenih ostrig, odcejenih
1/2 skodelice večnamenske moke
1/2 žličke soli
1/4 žličke črnega popra
1/4 žličke kajenskega popra
2 jajci, pretepeni
1 skodelica krušnih drobtin
Rastlinsko olje, za cvrtje

navodila:
V plitvi posodi zmešajte moko, sol, črni poper in kajenski poper.
V drugi plitvi posodi stepemo jajca.
V tretjo plitko posodo damo krušne drobtine.
Vsako ostrigo najprej pomočite v mešanico moke, nato v stepena
jajca in nazadnje v krušne drobtine, odvečno otresite.
V veliki ponvi na srednje močnem ognju segrejte rastlinsko olje.
Ostrige cvremo v serijah, približno 2-3 minute na stran ali dokler
ne postanejo zlato rjave in hrustljave.
Ocvrte ostrige odcedimo na s papirnato brisačo obloženem
krožniku.
Postrezite vroče z rezinami limone in tatarsko omako.

32.   Apple Pan Dowdy

Sestavine:

6 skodelic narezanih jabolk
1/2 skodelice rjavega sladkorja
1/2 žličke mletega cimeta
1/2 žličke mletega muškatnega oreščka
1/2 žličke soli
1/2 skodelice nesoljenega masla, stopljenega
1 skodelica večnamenske moke
2 žlički pecilnega praška
1/4 žličke sode bikarbone
1/2 skodelice mleka

navodila:
Pečico segrejte na 375°F.
V veliki posodi za mešanje zmešajte narezana jabolka, rjavi sladkor, cimet, muškatni orešček in sol.
Stopljeno maslo vlijemo v 9-palčni kvadratni pekač.
Na maslo vlijemo jabolčno mešanico.
V drugi posodi za mešanje zmešajte moko, pecilni prašek in sodo bikarbono.
Mešajte mleko, dokler se dobro ne združi.
Maso z žlico nanesite na jabolčno mešanico in jo enakomerno razporedite.
Pečemo 45-50 minut ali dokler vrh ni zlato rjav in jabolka ne postanejo mehka.
Postrezite toplo z vaniljevim sladoledom.

33. Piškoti iz sladkega krompirja

Sestavine:

2 skodelici večnamenske moke
1 žlica pecilnega praška
1/2 žličke soli
1/2 skodelice nesoljenega masla, ohlajenega in narezanega na majhne koščke
1 skodelica pire sladkega krompirja
1/2 skodelice mleka
navodila:

Pečico segrejte na 450°F.
V veliki skledi za mešanje zmešajte moko, pecilni prašek in sol.
Z rezalnikom za pecivo ali s prsti narežite maslo v mešanico moke, dokler mešanica ne postane podobna grobim drobtinam.
Vmešajte pire sladki krompir, dokler ni dobro združen.
Postopoma dodajte mleko in mešajte, dokler ne nastane mehko testo.
Testo zvrnemo na pomokano površino in nežno gnetemo 1-2 minuti.
Testo razvaljajte na 1/2-palčni debelino.
Za izrezovanje piškotov uporabite model za kekse ali rob kozarca.
Piškote polagamo na pekač
Piškote pečemo 12-15 minut oziroma toliko časa, da po vrhu zlato rjavo porjavijo.
Postrezite toplo z maslom in medom.

BENJAMIN FRANKLIN

34. <u>Ocvrte ostrige Benjamina Franklina</u>

Sestavine:

1 pol litra svežih ostrig
1 skodelica moke
1/2 čajne žličke soli
1/4 čajne žličke črnega popra
2 jajci, pretepeni
1/4 skodelice mleka
Olje, za cvrtje

Navodila:
Ostrige oplaknite in jih osušite s papirnato brisačo.
V skledi zmešajte moko, sol in poper.
V drugi posodi stepemo jajca in mleko.
Ostrige potopite v mešanico moke, nato v jajčno mešanico in nato
nazaj v mešanico moke.
V globoki ponvi na srednje močnem ognju segrejte olje.
Na segretem olju ocvremo ostrige na obeh straneh, da zlato
porjavijo.
Odcedimo na papirnatih brisačah in vroče postrežemo.

35. Parmezan iz jajčevca

SESTAVINE:

- 28 unč omake Marinara
- 2 velika jajčevca, narezana na ¼-palčne debele kroge
- 1¼ skodelice naribanega parmezana, razdeljeno
- 2 veliki kroglici sveže mocarele, narezane na tanke rezine

NAVODILA:

a) Jajčevce najprej prepražimo.
b) V pekač razporedite ½ skodelice marinare, položite polovico jajčevca in na vrh položite 1 skodelico marinare in polovico mocarele.
c) Ponovite s preostalimi jajčevci, preostalo marinaro in preostalo mocarelo. Potresemo s preostalo ¼ skodelico parmezana.
d) Pečemo pol ure pri 350 stopinjah F.

36. Zrezek Benjamina Franklina

SESTAVINE:

- 1 zrezek na boku, 1 ½ do 2 funta
- ½ skodelice sojine omake
- ½ skodelice olja
- ¼ skodelice suhega šerija
- 2 srednje velika stroka česna, zdrobljena ali zmleta
- 2 žlici naribane sveže korenine ingverja ali 2 žlički mletega ingverja
- 1 žlica naribane pomarančne lupinice

NAVODILA:

a) Steak mariniramo v sojini omaki, olju, suhem šeriju, strokih česna, ingverju in naribani pomarančni lupinici.

b) Pecite 1½ ali 2 cm od vročine 3-4 minute.

c) Obrnite, premažite z marinado in pražite še 3-4 minute.

d) Prečno narežemo na rezine.

37. Italijanska teletina in paprika

SESTAVINE:

- 1 funt dušene teletine
- 3 velike zelene paprike, narezane ali narezane (lahko uporabite več)
- 2 veliki čebuli, narezani ali sesekljani
- 1 #2 konzerva paradižnika
- Sol in poper
- Peteršilj
- 1 lovorjev list

NAVODILA:

a) Teletino narežemo na majhne koščke.

b) V ponvi segrejemo olje (toliko, da prekrije dno in da se meso ne prime).

c) Dodamo meso in dobro prepražimo.

d) Dodamo čebulo in kuhamo nekaj minut do mehkega.

e) Nalijte paradižnik. Dodamo začimbe in počasi kuhamo vsaj 1 uro.

f) Opomba: papriko lahko prepražimo posebej in jo zadnjih 10-20 minut dodamo v paradižnikovo mešanico.

38. Linguine s sirovo omako

SESTAVINE:

- ½ skodelice navadnega nemastnega jogurta
- 1 surovo jajce
- ⅓ skodelice 99% nemastne skute
- Sol ali sol z okusom masla
- Poper
- ½ čajne žličke origana ali začimb za pico
- 3 unče švicarskega sira, grobo naribanega
- ⅓ skodelice sveže sesekljanega peteršilja

NAVODILA:

a) V vroče linguine na hitro vmešamo jogurt, nato še jajce, da se zgosti.
b) Nato vmešajte preostale sestavine.
c) Lonec postavite na zelo majhen ogenj, dokler se sir ne stopi.

39. Manicotti Benjamina Franklina

Naredi: približno 20 zvitkov

SESTAVINE:
ZA MANICOTTI:
- 6 jajc
- 2 skodelici moke
- 1½ skodelice vode
- Sol in poper po okusu

NADEV IZ RIKOTE:
- 2 funta sira (lahko lonec)
- 2 jajci
- Sol in poper
- Peteršiljevi kosmiči
- Nariban parmezan

NAVODILA:
a) Jajca, moko, vodo, sol in poper stepemo po okusu.
b) Naredite kot tanke palačinke, zelo hitro, na žaru ali ponvi (jaz jih pečem na oljčnem olju).
c) Napolnite z mešanico sira ricotta. Zavihamo. Zalijemo z omako.
d) Pečemo pri 350 stopinjah F ½ ure.
e) Pred serviranjem pustite stati 10 minut.

NADEV IZ RIKOTE:
f) Mešajte z žlico, dokler ni gladka in temeljito premešana (jaz uporabim polovico tega).

40. Čebulna enolončnica Benjamina Franklina

SESTAVINE:

- 4 skodelice čebule
- 4 žlice masla
- 2 jajci
- 1 ½ skodelice mleka
- ½ čajne žličke soli
- ½ čajne žličke Worcestershire
- Šejk tabaska
- Nariban sir

NAVODILA:

a) Čebulo kuhajte le nekaj minut, vendar je ne porjavite.

b) Stepenim jajcem in začimbam dodamo mleko.

c) Potresemo s sirom in pečemo pri 325 stopinjah F, dokler srebrni nož ne pride ven čist.

41. Orientalska svinjina Benjamina Franklina

SESTAVINE:

- 3 žlice sojine omake
- 1 čajna žlička ingverja in sladkorja
- ½ funta svinjine, narezane na majhne koščke
- 2 veliki čebuli drobno sesekljani
- 3 žlice olja
- 4 skodelice zelja

NAVODILA:

a) Zmešajte sojino omako, ingver in sladkor; dati na stran.
b) Pražite svinjino in čebulo na olju, dokler svinjina ni več rožnata, čebula pa približno 10 minut mehka.
c) Vmešajte mešanico zelja in sojine omake.
d) Kuhajte približno 10 do 12 minut. Postrežemo čez riž.

42. Picadillo kubanski hamburgerji

SESTAVINE:
- 1 zelena čebula, sesekljana
- 1 žlica olja
- 1 funt hamburger
- 1 pločevinka (8 unč) paradižnikove omake
- ¼ skodelice narezane polnjene zelene paprike
- 2 žlici kaper
- Vroč riž

NAVODILA:
a) V ponvi na olivnem olju prepražimo zeleno papriko, dokler se ne zmehča.
b) Dodajte mesno mešanico in mešajte, dokler ne razpade.
c) Primešamo paradižnikovo omako. Pokrijte in kuhajte 20 minut.
d) Dodamo olive in kapre; dušimo 5 minut.
e) Postrežemo čez riž.
f) Začimbe, dodane mesu pred kuhanjem, sesekljana čebula, strok česna, sol in poper.

43. Drzni zrezek Benjamina Franklina

SESTAVINE:

- zrezek
- 2 stroka česna
- 1 žlica olivnega olja
- 1½ čajne žličke sojine omake
- ½ čajne žličke gorčice
- Sol
- Poper

NAVODILA:

a) Sestavine zmešajte in jih zmešajte v zrezek.
b) Zrezek pustite v omaki približno 2 uri.
c) Zavremo ali kuhamo na štedilniku.
d) Lahko se uporablja za jelene.

44. Sherry kozica Benjamina Franklina

SESTAVINE:

- ½ palčke masla
- 5 strokov česna, strtih
- 1-1½ funtov kozic; oluščeno in deveinirano
- ¼ skodelice svežega limoninega soka
- ¼ čajne žličke popra
- 1 skodelica šerija za kuhanje
- 2 žlici sesekljanega peteršilja
- 2 žlici sesekljanega drobnjaka
- Sol po okusu

NAVODILA:

a) V ponvi na srednjem ognju stopite maslo. Dodajte česen, kozice, limonin sok in poper.

b) Med mešanjem kuhajte, dokler kozica ne postane rožnata (približno minut).

c) Dodajte šeri za kuhanje, peteršilj in drobnjak. Pustite, da zavre.

d) Postrezite takoj nad kuhanim rižem.

e) Okrasite z limono.

JOHN ADAMS

45.   Jabolčna pita Johna Adamsa

Sestavine:

2 skorjici za pito (domače ali kupljene)
6 skodelic na tanko narezanih in olupljenih jabolk (kot so Granny Smith, Honeycrisp ali Jonathan)
3/4 skodelice granuliranega sladkorja
1/4 skodelice večnamenske moke
1 čajna žlička mletega cimeta
1/4 čajne žličke mletega muškatnega oreščka
1/4 čajne žličke soli
2 žlici nesoljenega masla, narezanega na majhne koščke
1 veliko jajce, pretepljeno
Grobi sladkor (neobvezno)
Navodila:

Pečico segrejte na 375 °F (190 °C).
Postavite eno skorjo za pito v 9-palčni pekač za pito.
V veliki skledi zmešajte narezana jabolka, sladkor, moko, cimet, muškatni orešček in sol. Mešajte, dokler jabolka niso enakomerno prekrita.
Jabolčno zmes vlijemo v skorjo pite in pokapljamo z maslom.
Na jabolčno mešanico položite drugo skorjo za pito in robove skorj zmečkajte skupaj z vilicami ali prsti.
Na zgornji skorji naredite nekaj rež, da lahko para uhaja.
Zgornjo skorjo namažite s stepenim jajcem in potresite z grobim sladkorjem (če ga uporabljate).
Pečemo 45-55 minut ali dokler skorja ni zlato rjava in nadev začne brbotati.
Pustite, da se pita ohladi vsaj 30 minut, preden jo narežete in postrežete. Uživajte!

46. Dušena govedina Johna Adamsa

Sestavine:

3 lbs goveje pečenke
1 čebula, sesekljana
4 stroki česna, sesekljani
1 skodelica goveje juhe
1 skodelica rdečega vina
2 žlici paradižnikove paste
2 žlici dijonske gorčice
1 žlica Worcestershire omake
1 žlica sesekljanega svežega rožmarina
1 žlica sesekljanega svežega timijana
Sol in poper
2 žlici olivnega olja
Navodila:

Pečico segrejte na 350°F (175°C).
Segrejte oljčno olje v veliki nizozemski pečici ali loncu, primernem za pečico, na srednje močnem ognju.
Goveje meso začinite s soljo in poprom, nato pa ga dodajte v lonec in pražite z vseh strani, dokler ne porjavi, približno 5-7 minut na vsako stran.
Goveje meso vzamemo iz lonca in odložimo na krožnik.
Dodajte čebulo in česen v lonec in pražite, dokler se ne zmehčata, približno 3-5 minut.
V lonec dodajte govejo juho, rdeče vino, paradižnikovo pasto, dijonsko gorčico, worcestrsko omako, rožmarin in timijan ter premešajte, da se združi.
Goveje meso vrnemo v lonec, pokrijemo s pokrovko in prestavimo v ogreto pečico.
Pečemo 2-3 ure ali dokler govedina ni mehka kot vilice.
Odstranite goveje meso iz lonca in ga pustite počivati 10-15 minut, preden ga narežete.
　　Postrezite narezano govedino s tekočino za dušenje, prelito po vrhu. Uživajte!

47.   Newburški jastog

Sestavine:

1 lb mesa jastoga, kuhanega in narezanega
4 žlice nesoljenega masla
4 žlice večnamenske moke
1 skodelica mleka
1/2 skodelice težke smetane
1/4 skodelice suhega šerija
1/2 žličke soli
1/4 žličke kajenskega popra
4 rumenjake, stepene
1/4 skodelice sesekljanega peteršilja

navodila:
V veliki ponvi na zmernem ognju stopite maslo.
Vmešajte moko in med stalnim mešanjem kuhajte 1-2 minuti.
Med nenehnim mešanjem postopoma vmešajte mleko in smetano,
dokler zmes ni gladka.
Dodajte šeri, sol in kajenski poper ter premešajte, da se združi.
Med nenehnim mešanjem postopoma vmešamo stepene
rumenjake.
Mešanico kuhajte na majhnem ognju 3-4 minute, oziroma dokler
se ne zgosti.
Primešamo sesekljanega jastoga in peteršilj.
Postrezite vroče na toast točkah.

48. Goveja pečenka z jorkširskim pudingom

Sestavine:
4 lb goveje pečenke
2 žlici rastlinskega olja
Sol in poper po okusu
1 skodelica večnamenske moke
1 žlička soli
1 žlička posušenega timijana
1/2 žličke črnega popra
4 jajca, pretepena
1 1/2 skodelice mleka
1/2 skodelice govejega odcedka ali nesoljenega masla
navodila:
Pečico segrejte na 450°F.
Govejo pečenko namažite z rastlinskim oljem ter začinite s soljo in poprom.
Goveje meso pečemo 15 minut, nato temperaturo pečice znižamo na 350 °F in nadaljujemo s pečenjem 1 1/2 do 2 uri ali dokler notranja temperatura ne doseže 135 °F za srednje pečeno.
Medtem ko se govedina peče, pripravimo maso za jorkširski puding.
V veliki skledi za mešanje zmešajte moko, sol, timijan in črni poper.
V drugi posodi zmešajte jajca in mleko.
Mešanici moke postopoma dodajte jajčno mešanico in mešajte, dokler ne nastane gladka masa.
Testo pustimo počivati 30 minut.
V pekač velikosti 9 x 13 centimetrov vlijemo goveje omake ali stopljeno maslo in postavimo v pečico, da se segreje.
10. Ko je govedina pečena, jo vzemite iz pečice in pustite počivati 10-15 minut, preden jo narežete.
Povečajte temperaturo pečice na 450 °F.
Pripravljeno maso vlijemo v vroč pekač z govejo maso ali stopljenim maslom.
Posodo vrnemo v pečico in pečemo 20-25 minut oziroma toliko časa, da se puding napihne in zlato zapeče.
Govejo pečenko in jorkširski puding postrezite skupaj.

49. Indijski puding

Sestavine:

1 skodelica rumene koruzne moke
2 skodelici mleka
2 skodelici težke smetane
1/2 skodelice melase
1/2 skodelice rjavega sladkorja
1 žlička mletega cimeta
1/2 žličke mletega ingverja
1/2 žličke mletega muškatnega oreščka
1/2 žličke soli
2 jajci, pretepeni
2 žlici nesoljenega masla

navodila:
Pečico segrejte na 325°F.
V veliki skledi za mešanje zmešajte koruzno moko, mleko, smetano, melaso, rjavi sladkor, cimet, ingver, muškatni oreščk in sol.
Vmešamo stepena jajca in stopljeno maslo.
Zmes vlijemo v 2-litrski pekač.
Pecite 1 1/2 do 2 uri ali dokler se puding ne strdi in vrh zlato rjavo zapeče.
Postrezite toplo s stepeno smetano ali vaniljevim sladoledom.

50. Ostrigina enolončnica Johna Adamsa

Sestavine:

2 skodelici oluščenih ostrig z alkoholom
2 skodelici mleka
1 skodelica težke smetane
2 žlici nesoljenega masla
Sol in poper po okusu
Ostrigini krekerji, za serviranje

navodila:
V veliki ponvi zmešajte ostrige in njihovo tekočino, mleko in smetano.
Mešanico segrevajte na majhnem ognju, dokler ni vroča, vendar ne vre.
Dodajte maslo in mešajte, dokler se ne stopi.
Začinimo s soljo in poprom po okusu.
Postrezite vroče z ostriginimi krekerji.

51. <u>Pečen fižol Johna Adamsa</u>

Sestavine:

1 lb posušenega mornarskega fižola
1/2 lb slane svinjine, narezane na kocke
1/2 skodelice melase
1/2 skodelice rjavega sladkorja
1 čebula, narezana na kocke
1 žlička suhe gorčice
1 žlička soli
1/2 žličke črnega popra

navodila:
Moški fižol sperite v hladni vodi in odstranite morebitne koščice ali ostanke.
Fižol damo v velik lonec in pokrijemo z vodo.
Zavremo vodo in nato zmanjšamo ogenj na nizko in pustimo vreti 1 uro.
Fižol odcedimo in prihranimo 2 skodelici tekočine za kuhanje.
Pečico segrejte na 300°F.
V veliki posodi za mešanje zmešajte soljeno svinjino, melaso, rjavi sladkor, čebulo, suho gorčico, sol in črni poper.
V skledo dodajte kuhan fižol in prihranjeno tekočino za kuhanje ter premešajte, da se poveže.
Zmes vlijemo v 2-litrski pekač.
Pecite 4-5 ur ali dokler se fižol ne zmehča in omaka ni gosta in karamelizirana.
Postrezite vroče s koruznim kruhom.

52.   Poprova juha Johna Adamsa

Sestavine:

2 lbs goveje krače

8 skodelic goveje juhe

1/2 lb vampov, očiščenih in narezanih na kocke

1 čebula, narezana na kocke

1 zelena paprika, narezana na kocke

1 rdeča paprika, narezana na kocke

2 stroka česna, nasekljana

2 žlici rastlinskega olja

1 žlica posušenega timijana

1 žlička mletega pimenta

1 žlička mletega muškatnega oreščka

1/4 skodelice koruznega zdroba

1/4 skodelice mleka

Sol in poper po okusu

Pekoča omaka, za serviranje

navodila:

V večjem loncu zavremo govejo kračo in govejo juho.

Zmanjšajte ogenj na nizko in pustite vreti 2-3 ure oziroma dokler se govedina ne zmehča in odpade od kosti.

Odstranite goveje meso iz lonca in narežite meso.

V ločenem loncu na srednjem ognju segrejte rastlinsko olje.

Dodamo vampe, čebulo, papriko in česen ter pražimo, dokler se zelenjava ne zmehča in vampi rahlo porjavijo.

V lonec dodajte naribano govedino, timijan, piment in muškatni orešč
oreščček ter premešajte, da se združi.

V majhni skledi zmešajte koruzni zdrob in mleko do gladkega. Dodajte mešanico koruzne moke v lonec in premešajte, da se združi.

Začinimo s soljo in poprom po okusu.

Juho dušimo še 30 minut, da se okusi prepojijo.

Postrezite vroče s pekočo omako ob strani.

53.   Pečena govedina

Sestavine:

3 lb goveje pečenke
2 žlici olivnega olja
2 stroka česna, nasekljana
1 žlica svežega rožmarina, sesekljanega
1 žlica svežega timijana, sesekljanega
Sol in poper po okusu
navodila:

Pečico segrejte na 350°F.
Govejo pečenko namažite z olivnim oljem in potresite s
sesekljanim česnom, rožmarinom, timijanom, soljo in poprom.
Pečenko položite v pekač in pecite 1-2 uri ali dokler notranja
temperatura ne doseže 135 °F za srednje pečeno ali 145 °F za
srednje pečeno.
Pustite pečenko počivati 10-15 minut, preden jo narežete.
Postrezite vroče s svojimi najljubšimi prilogami.

MARTHA WASHINGTON

54.   Kuhani šparglji Marthe Washington

Sestavine:
1 funt špargljev, narezanih
4 žlice nesoljenega masla
Sol in poper po okusu
Limonine rezine, za serviranje
Navodila:

Zavremo lonec osoljene vode.
Dodajte šparglje v lonec in jih kuhajte 3-5 minut ali dokler se ne zmehčajo.
Šparglje odcedimo in zložimo na servirni krožnik.
V manjši kozici raztopimo maslo in ga prelijemo čez šparglje.
Začinite s soljo in poprom po okusu.
Postrezite z rezinami limone ob strani.

55. Škampi, klobasa Andouille in zdrob

Naredi: 4 porcije

SESTAVINE

3 skodelice vode

2 žlički košer soli

¾ skodelice hitrega zdroba

2 žlici ekstra deviškega oljčnega olja

½ funta andouille klobase, narezane na

½ palca debele rezine

½ funta velike surove kozice, olupljene in razrezane

1 čajna žlička mletega česna

¼ skodelice sesekljane zelene čebule in še več za okras

2 žlički začimbe Cajun

½ čajne žličke mletega črnega popra

3 žlice soljenega masla

NAVODILA

V srednje veliko ponev na močnem ognju vlijemo vodo in sol. Ko tekočina začne vreti, ogenj takoj zmanjšajte na srednje. Tekočino premešamo in vanjo postopoma vtresemo zdrob. Pustite, da se zdrob kuha, dokler se ne zgosti in postane lepo kremast (običajno 30 do 35 minut), in ga pogosto mešajte.

Medtem ko se zdrob kuha, vzemite ponev in jo pokapljajte z oljčnim oljem. Olje segrejte na srednje močnem ognju, nato pa vanj stresite klobaso andouille. Kuhajte 5 do 7 minut ali dokler ne porjavi, nato stresite kozice, česen in zeleno čebulo. Potresemo z začimbami Cajun in črnim poprom.

Kuhajte še 5 minut, nato ugasnite ogenj. Ko se zdrob zgosti, dodamo maslo in premešamo.

Zdrob potresemo, nanj dodamo klobaso, kozice in čebulo. Okrasite z dodatno zeleno čebulo.

56. Marthe Washington Brisket Hash

Naredi: 6 obrokov

SESTAVINE

6 trakov debelo narezane slanine
¼ skodelice rastlinskega olja
2¾ skodelice zamrznjenega hašiša, odmrznjenega
1 srednje velika rdeča paprika, narezana na kocke
1 velika rumena čebula, narezana na kocke
2 skodelici sesekljanih govejih prsi
1 čajna žlička česna v prahu
1 čajna žlička košer soli
½ čajne žličke mletega črnega popra
¼ skodelice sesekljane zelene čebule

NAVODILA

Veliko ponev postavite na zmeren ogenj, nato dodajte slanino. Slanino kuhajte približno 5 minut oziroma dokler ni lepa in hrustljava. Slanino odstranite iz ponve, stopljeno maščobo pa pustite. Slanino odložimo na stran, da se ohladi.

V ponev dodajte rastlinsko olje in pustite, da se segreje na srednjem ognju. Ko je olje lepo in vroče, dodajte rjavo pecivo. Krompir kuhajte, dokler ni zlatorjav in mehak, običajno približno 7 minut.

Dodajte papriko in čebulo. Kuhajte 5 minut. Nato stresite sesekljane goveje prsi in jih potresite s česnom v prahu, soljo in poprom. Sestavine premešamo in pustimo kuhati še 7 minut.

Slanino, ki ste jo prej skuhali, zdrobite in jo stresite v ponev skupaj z zeleno čebulo. Zmešajte sestavine in ugasnite ogenj. Postrezite in uživajte s svojimi najljubšimi prilogami za zajtrk.

57. Buritosi za zajtrk Cajun

Naredi: 6 obrokov

SESTAVINE

- 2 žlici rastlinskega olja
- 1 funt klobase andouille, narezane na kocke
- 1 skodelica zamrznjenih rjavih rjavih kosov, odmrznjenih
- 1 velika rdeča paprika, narezana na kocke
- ½ srednje velike rdeče čebule, narezane na kocke
- 7 jajc, pretepenih
- ½ skodelice naribanega cheddar sira
- ½ skodelice naribanega poprovega sira
- 6 velikih tortilj iz moke, ogretih

NAVODILA

a) Veliko neoprijemljivo ali dobro začinjeno litoželezno ponev postavite na srednji ogenj in vanjo pokapljajte rastlinsko olje. Ko se olje segreje, stresite klobaso v ponev in jo kuhajte, dokler rahlo ne porjavi.

b) Nato dodajte ostrgane, papriko in čebulo. Vse skupaj kuhajte 4 do 5 minut oziroma dokler ni mehko. Sestavine odstranimo iz ponve.

c) V isto ponev vlijemo jajca in kuhamo do želene stopnje pečenosti, nato jajca odstranimo iz ponve. Ugasnite toploto.

d) V veliki skledi zmešajte jajca z ostalimi sestavinami. Potresemo s sirom in premešamo.

e) Tople tortilje položite na ravno površino in na vsako dodajte ½ skodelice nadeva. Zvijte tortilje, postrezite in uživajte!

f) Za ogrevanje odmrznite buritose, nato pa jih segrevajte v pečici pri 350 stopinjah F 10 do 15 minut.

58. Omlete s kozicami in rakovicami

Naredi: 1 SERCIJO

SESTAVINE

4 jajca

3 žlice težke smetane

Košer sol in črni poper po okusu

1 žlica olivnega olja

¼ skodelice narezanih gob

¼ skodelice sveže špinače

¼ skodelice kuhanega mesa kozic

¼ skodelice rakovega mesa

¼ skodelice naribanega sira Havarti

NAVODILA

V majhni skledi za mešanje zmešajte jajca in smetano ter stepajte, dokler se dobro ne združita. Potresemo s soljo in poprom ter premešamo. Nastavite na stran.

V veliko ponev na zmernem ognju pokapljajte oljčno olje. Ko se olje segreje, v ponev stresite gobe in špinačo ter kuhajte, dokler se ne zmehčajo. Odstranite iz ponve in postavite na stran.

Vlijemo jajca in kuhamo 2 minuti. Vanj potresemo kozice, rakovice, sir, gobe in špinačo. Omleto prepognemo na pol in kuhamo še 2 minuti, nato jo odstranimo iz ponve. Postrezite in uživajte!

59. Kremni sirni zdrob

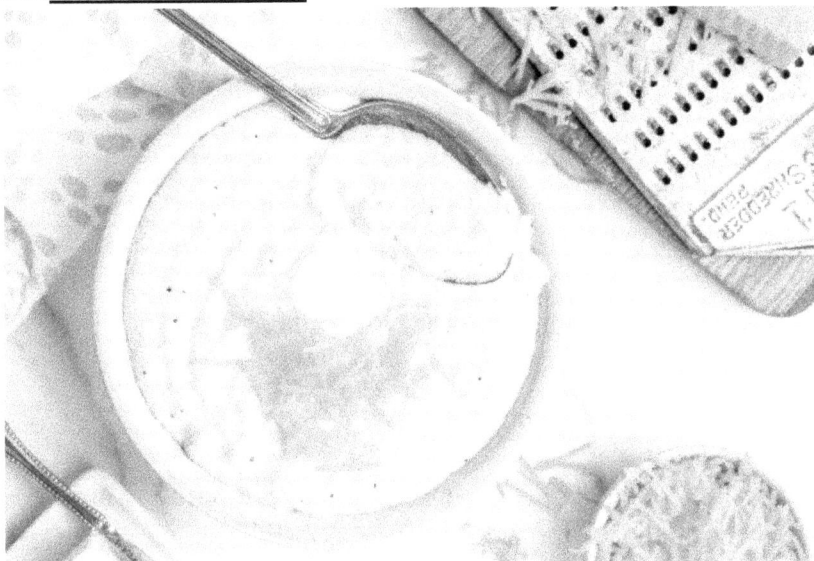

Naredi: 4 DO 6 obrokov

SESTAVINE

3 skodelice vode

½ skodelice težke smetane

1 skodelica hitrega zdroba

4 žlice soljenega masla

1 čajna žlička košer soli

½ čajne žličke mletega črnega popra

½ skodelice naribanega kremastega sira Havarti

½ skodelice naribanega ostrega cheddar sira

NAVODILA

V srednje veliko ponev na močnem ognju vlijemo vodo in smetano. Ko popolnoma zavre, vanjo stresemo zdrob in stepamo. Ogenj zmanjšamo na srednje nizko in kuhamo 30 do 35 minut, občasno premešamo, da ne nastanejo grudice.

Dodajte maslo in potresite sol, poper in sir. Mešajte, dokler ni vse lepo kremasto in dobro združeno. Ugasnite ogenj in postrezite s svojimi najljubšimi jedmi za zajtrk.

60. Piščančji frikasee

Sestavine:

1 cel piščanec, narezan na kose
1/2 skodelice moke
Sol in poper po okusu
4 žlice masla
1 čebula, sesekljana
1 korenček, sesekljan
1 steblo zelene, sesekljano
2 skodelici piščančje juhe
1/2 skodelice belega vina
1/2 skodelice težke smetane
2 rumenjaka, stepena

navodila:
Kose piščanca začinimo s soljo in poprom ter potresemo v moki.
V veliki ponvi na srednje močnem ognju raztopite maslo in na
njem na obeh straneh popečete kose piščanca.
Odstranite piščanca iz ponve in ga postavite na stran.
V ponev dodamo sesekljano čebulo, korenček in zeleno ter
pražimo, dokler se zelenjava ne zmehča.
V ponev dodajte piščančjo juho in belo vino ter zavrite.
Zmanjšajte ogenj na nizko in dodajte kose piščanca nazaj v ponev.
Pokrijte in dušite 30-40 minut oziroma dokler ni piščanec kuhan.
V manjši skledi stepemo močno smetano in rumenjake.
Počasi vlijemo smetanovo mešanico v ponev, nenehno mešamo.
Frikase segrevamo še nekaj minut, da se omaka zgosti.
Postrezite vroče z rižem ali pire krompirjem.

61. Ribja juha Marthe Washington

Sestavine:

1 lb filejev bele ribe, narezanih na koščke
2 žlici masla
1 čebula, sesekljana
2 skodelici piščančje juhe
2 skodelici mleka
2 krompirja, olupljena in narezana na kocke
1/2 skodelice koruznih zrn
1/2 skodelice težke smetane
Sol in poper po okusu

navodila:
V velikem loncu na zmernem ognju stopite maslo.
Dodamo sesekljano čebulo in pražimo, da se čebula zmehča in postekleni.
V lonec dodajte piščančjo juho, mleko, krompir in koruzo ter zavrite.
Zmanjšajte ogenj na nizko in kuhajte 15-20 minut oziroma dokler se krompir ne zmehča.
V lonec dodamo koščke ribe in dušimo še 5-7 minut oziroma dokler riba ni kuhana.
Vmešajte smetano in po okusu začinite s soljo in poprom.
Postrezite vroče z krekerji ali kruhom.

62. Jabolčna pita Marthe Washington

Sestavine:

2 skorjici za pito, kupljeni ali doma narejeni
6 skodelic narezanih jabolk
3/4 skodelice sladkorja
2 žlici moke
1 žlička mletega cimeta
1/4 žličke mletega muškatnega oreščka
1/4 žličke soli
2 žlici masla

navodila:
Pečico segrejte na 375°F.
9-palčni pekač za pito obložite z eno od skorj za pito.
V veliki posodi za mešanje zmešajte narezana jabolka, sladkor, moko, cimet, muškatni orešček in sol.
Jabolčno mešanico vlijemo v skorjo pite.
Vrh jabolčne mešanice potresemo z majhnimi koščki masla.
Pokrijte pito z drugo skorjo za pito in zavihajte robove, da se zaprejo.
Zarežite nekaj rež na vrhu skorje za pito, da lahko para uhaja.
Pečemo 45-50 minut ali dokler skorja ni zlato rjava in nadev začne brbotati.
Pustite, da se pita ohladi vsaj 30 minut, preden jo postrežete.

63. Pečen puran

Sestavine:
1 cel puran, približno 12-15 funtov
Sol in poper po okusu
1/2 skodelice masla, zmehčanega
1 čebula, sesekljana
1 limona, narezana na kolesca
4-6 vejic svežih zelišč, kot so rožmarin, timijan in žajbelj

navodila:
Pečico segrejte na 325°F.
Puranu odstranite drobovino in vrat ter purana znotraj in zunaj
sperite s hladno vodo.
Purana osušite s papirnatimi brisačami.
Purana znotraj in zunaj začinite s soljo in poprom.
Zmehčano maslo vtrite po celem puranu.
Puranje meso napolnite s sesekljano čebulo, rezinami limone in
svežimi zelišči.
Purana položite na rešetko za pečenje v velikem pekaču.
Purana pečemo 3-4 ure ali dokler termometer za meso, vstavljen v
najdebelejši del purana (brez dotikanja kosti), ne zabeleži 165 °F.
Purana vsakih 30 minut prelijte s sokom iz ponve.
Puran naj počiva vsaj 30 minut, preden ga narežete.

64. Kremna špinača

Sestavine:

2 lbs sveže špinače, oprane in narezane
4 žlice masla
1/4 skodelice moke
2 skodelici mleka
1/4 žličke mletega muškatnega oreščka
Sol in poper po okusu

navodila:
Pečico segrejte na 350°F.
Velik lonec osoljene vode zavremo.
V lonec dodamo špinačo in blanširamo 1-2 minuti oziroma dokler špinača ne oveni.
Špinačo odcedimo in splaknemo s hladno vodo.
Iz špinače iztisnemo odvečno vodo in jo grobo nasekljamo.
V veliki ponvi na zmernem ognju stopite maslo.
Vmešajte moko in med stalnim mešanjem kuhajte 2-3 minute.
Počasi prilivamo mleko in nenehno mešamo, da ne nastanejo grudice.
Mešanico zavrite in kuhajte 5-7 minut oziroma dokler se omaka ne zgosti.
Primešamo nasekljano špinačo in muškatni orešček ter po okusu začinimo s soljo in poprom.
Špinačno zmes preložite v pekač in pecite 15-20 minut oziroma dokler vrh ni zlato rjav in hrustljav.

65. Kuhana krema

Sestavine:

4 skodelice mleka
4 rumenjaki
1/2 skodelice sladkorja
1 žlička vanilijevega ekstrakta

navodila:
V ponvi na zmernem ognju segrevajte mleko, dokler se ne začne pariti.
V posodi za mešanje penasto stepemo rumenjake in sladkor.
Vroče mleko počasi vlijte v jajčno zmes in neprestano mešajte, da preprečite strjevanje.
Mešanico vlijemo nazaj v ponev in na šibkem ognju ob stalnem mešanju kuhamo toliko časa, da se krema zgosti toliko, da lahko premažemo hrbtno stran žlice.
Odstavite ponev z ognja in vmešajte vanilijev ekstrakt.
Kremo prelijte skozi fino sito v skledo, da odstranite morebitne grudice.
Postrezite toplo ali ohlajeno.

66. Pomarančna marmelada

Sestavine:

4 pomaranče, narezane na tanke rezine
1 limona, na tanke rezine
8 skodelic vode
8 skodelic sladkorja
navodila:

V velikem loncu zmešajte narezane pomaranče, limono in vodo ter zavrite.
Zmanjšajte ogenj na nizko in kuhajte 1-2 uri ali dokler sadje ni zelo mehko in se tekočina zmanjša za približno polovico.
3. Odstranite lonec z ognja in pustite, da se ohladi 10-15 minut.
Sadne rezine odstranite iz lonca z žlico z režami in jih preložite na desko za rezanje.
Sadje drobno nasekljamo in vrnemo v lonec.
V lonec dodajte sladkor in mešajte, dokler se popolnoma ne raztopi.
Lonec vrnemo na ogenj in zavremo.
Zmanjšajte ogenj na nizko in marmelado kuhajte 30-45 minut oziroma dokler se ne zgosti in doseže konsistenco, podobno marmeladi.
Lonec odstavite z ognja in pustite, da se marmelada nekaj minut ohladi.
Marmelado nadevamo v sterilizirane kozarce in jih dobro zapremo.
Kozarce obdelujte v vreli vodni kopeli 10 minut, da zagotovite dobro tesnjenje.

JAMES MADISON

67.   Kremna špinača Jamesa Madisona

Sestavine:

1 lb sveže špinače
1/4 skodelice nesoljenega masla
2 stroka česna, nasekljana
1/4 skodelice večnamenske moke
2 skodelici polnomastnega mleka
1/2 žličke muškatnega oreščka
Sol in poper po okusu
1/4 skodelice naribanega parmezana
Navodila:

Špinačo operemo in odstranimo peclje ter jo 1-2 minuti blanširamo v vreli vodi.
Špinačo odcedimo in jo splaknemo s hladno vodo, da zaustavimo proces kuhanja.
Špinačo ožamemo, da odstranimo odvečno vodo, nato pa jo drobno sesekljamo.
V veliki ponvi na srednjem ognju raztopite maslo, nato dodajte česen in pražite približno 1-2 minuti, dokler ne zadiši.
V ponev dodajte moko in z metlico premešajte, kuhajte 1-2 minuti, dokler zmes ne postane svetlo zlate barve.
V ponev počasi dodajajte mleko in nenehno mešajte, da se ne naredijo grudice.
Mešanico kuhajte 5-7 minut oziroma dokler se ne zgosti in prekrije hrbtno stran žlice.
V ponev dodajte muškatni orešček, sol in poper ter premešajte, da se združi.
V ponev dodamo sesekljano špinačo in premešamo, da jo prekrijemo s smetanovo omako.
Kremno špinačo prestavimo v servirni krožnik in potresemo z naribanim parmezanom. Uživajte!

68. Krompirjev Kugel

SESTAVINE:

- 6 srednje velikih krompirjev
- 2 jajci
- ½ skodelice moke
- ½ čajne žličke pecilnega praška
- 1½ čajne žličke soli
- ½ čajne žličke popra
- ¼ skodelice Skrajšanje
- 2 srednji čebuli

NAVODILA:

a) Krompir olupimo in naribamo.

b) Dodamo jajca in stepamo do gladkega.

c) Skupaj presejemo moko, sol, pecilni prašek in poper. Dodajte v mešanico krompirja.

d) Čebulo naribamo in jo na mazilu pražimo do svetlo rjave barve,

e) Dodajte v testo in pecite v pomaščeni posodi v pečici pri 350 °F približno 1 uro ali dokler ne postane hrustljava in rjava.

69. Razorback krompir

SESTAVINE:

- 6 do 8 velikih ovalnih krompirjev
- 1 čajna žlička soli
- poper po okusu
- ½ skodelice masla
- ½ skodelice naribanega parmezana
- ⅓ skodelice posušenih krušnih drobtin

NAVODILA:

a) Pečico segrejte na 450 stopinj F. Krompir je treba olupiti do enakomerne velikosti.

b) Vsak nabor krompirja na enem koncu narežite na ¼-palčne rezine, ki so ¼ palca od dna, tako da rezina ostane šrafirana.

c) Krompir z narezanimi robovi navzgor položimo v dobro namaščen plitek pekač.

d) Potresemo s soljo in poprom ter pokapamo s koščki masla. Pečemo v pečici 20 minut.

e) Ponev občasno premažemo z maslom. Zmešajte sir in krušne drobtine; izdatno potresemo med krompir. Vsako zarežite po vrhu.

f) Pečemo še 25 do 30 minut, občasno polivamo, dokler ne postanejo zlato rjave in mehke.

# 70.	Collard Greens

Sestavine:

2 lbs zelene ogrlice, stebla odstranimo in liste nasekljamo
6 skodelic piščančje juhe
1 velika čebula, narezana na kocke
3 stroki česna, sesekljani
2 dimljena šunka ali puranji vratovini
1 žlička soli
1/2 žličke črnega popra
1/4 žličke kosmičev rdeče paprike
Navodila:

V velikem loncu zavremo piščančjo juho.
Dodajte zelenjavo, čebulo, česen, šunko ali puranje vratove, sol,
črni poper in kosmiče rdeče paprike.

71.   Virginia šunka z glazuro iz rjavega sladkorja

Sestavine:

1 Virginia šunka (10-12 lbs)
1 skodelica rjavega sladkorja
1/4 skodelice medu
1/4 skodelice dijonske gorčice
1/4 skodelice jabolčnega kisa
2 žlički mletih nageljnovih žbic
navodila:
Pečico segrejte na 325°F.
Šunko položite v velik pekač in površino zarežite v diamantni vzorec.
V skledi za mešanje zmešajte rjavi sladkor, med, dijonsko gorčico, jabolčni kis in mlete nageljnove žbice.
S čopičem namažite glazuro po površini šunke in pazite, da pride med zarezane diamante.
Šunko pečemo 3-4 ure oziroma dokler se ne segreje in glazura karamelizira.
Pustite šunko počivati 10-15 minut, preden jo narežete in postrežete.

72.   <u>Colonial Hoecakes</u>

Sestavine:

2 skodelici koruznega zdroba
1 žlička soli
2 skodelici vrele vode
Slanina mast ali rastlinsko olje, za cvrtje
navodila:
V skledi za mešanje zmešajte koruzni zdrob in sol.
Mešanici koruzne moke dodajte vrelo vodo in mešajte, dokler ne
nastane gladka masa.
Testo pustimo stati 5-10 minut, da se ohladi.
V veliki ponvi na srednje močnem ognju segrejte približno 1/4
palca slanine ali rastlinskega olja.
Maso po žlicah polagajte v vroče olje in jih sploščite v tanke
kolačke.
Pogačice cvremo 2-3 minute na vsaki strani oziroma dokler niso
zlato rjave in hrustljave.
Kolačke pred serviranjem odcedimo na papirnatih brisačah.

73. Škampi in zdrob

Sestavine:

1 lb kozic, olupljenih in očiščenih
4 skodelice piščančje juhe
1 skodelica kameno mletega zdroba
1 skodelica težke smetane
1/2 skodelice naribanega parmezana
2 žlici masla
2 stroka česna, nasekljana
Sol in poper po okusu
navodila:

V veliki kozici zavrite piščančjo juho.
Med stalnim mešanjem počasi vmešamo zdrob, da ne nastanejo grudice.
Ogenj zmanjšamo na nizko in zdrob dušimo 30-40 minut oziroma toliko časa, da se zmehča in zgosti.
V zdrob vmešajte smetano, parmezan, maslo, česen, sol in poper ter mešajte, dokler se vse dobro ne poveže.
5. V ločeni ponvi kuhajte kozice na srednje močnem ognju, dokler niso rožnate in kuhane.

Kozico postrezite čez zdrob.

74.   Ocvrte jabolčne pite

Sestavine:

2 skodelici večnamenske moke
1/2 skodelice masti
1/2 skodelice hladne vode
2 skodelici olupljenih in narezanih jabolk
1/2 skodelice rjavega sladkorja
1 žlička mletega cimeta
1/4 žličke mletega muškatnega oreščka
Rastlinsko olje, za cvrtje
Sladkor v prahu, za posipanje
navodila:

V skledi za mešanje zmešajte moko in mast, dokler zmes ni
drobtinasta.
Mešanici postopoma dodajajte hladno vodo in mešajte, dokler ne
nastane testo.
Testo razvaljamo na pomokani površini in izrežemo kroge.
V ločeni posodi za mešanje zmešajte sesekljana jabolka, rjavi
sladkor, cimet in muškatni oreššek.
Na sredino vsakega testenega kroga položite žlico jabolčne zmesi
in testo prepognite, robove pa zaprite.
V veliki ponvi na srednje močnem ognju segrejte približno 1 cm
rastlinskega olja.
Na segretem olju popečemo pite na obeh straneh, da zlato
porjavijo.
Pite odcedimo na papirnatih brisačah in jih pred serviranjem
posujemo s sladkorjem v prahu.

75. Goveji golaž

Sestavine:

2 lbs goveje enolončnice
2 žlici večnamenske moke
2 žlici rastlinskega olja
1 čebula, sesekljana
3 stroki česna, sesekljani
4 skodelice goveje juhe
2 korenčka, sesekljana
2 krompirja, olupljena in narezana
1/2 žličke posušenega timijana
1/2 žličke posušenega rožmarina
Sol in poper po okusu

navodila:
Govejo enolončnico potresemo z moko, dokler meso ni dobro
prekrito.
Segrejte rastlinsko olje v velikem loncu ali nizozemski pečici na
srednje močnem ognju.
V lonec dodamo goveje meso in ga kuhamo, dokler ne porjavi z
vseh strani.
V lonec dodamo sesekljano čebulo in sesekljan česen ter kuhamo,
dokler čebula ne postekleni.
Prilijemo govejo juho in premešamo, da se združi.
V lonec dodajte sesekljano korenje, krompir, timijan in rožmarin
ter premešajte, da se združijo.
Enolončnico po okusu začinimo s soljo in poprom.
Zmanjšajte ogenj na nizko in pustite, da enolončnica vre približno
2 uri oziroma dokler se meso ne zmehča.

76. koruzni puding

Sestavine:

2 skodelici svežih ali zamrznjenih koruznih zrn
1 skodelica težke smetane
1/4 skodelice večnamenske moke
1/4 skodelice sladkorja
2 jajci, pretepeni
2 žlici nesoljenega masla, stopljenega
1/2 žličke soli
1/4 žličke črnega popra
navodila:
Pečico segrejte na 350°F (175°C).
Namastite 2-litrski pekač.
V skledi za mešanje zmešajte koruzna zrna, smetano,
večnamensko moko, sladkor, stepena jajca, stopljeno maslo, sol in
črni poper.
Zmes vlijemo v pomaščen pekač.
Pečemo približno 45-50 minut oziroma dokler puding ne postane
zlato rjav na vrhu in strjen na sredini.

ALEKSANDER HAMILTON

77.   Pita iz bifteka Alexandra Hamiltona

Sestavine:

1 1/2 funta govejega fileja, narezanega na majhne koščke
1/4 skodelice moke
1 čajna žlička soli
1/2 čajne žličke črnega popra
3 žlice masla
1 skodelica goveje juhe
1 skodelica narezanih gob
1/2 skodelice sesekljane čebule
1/2 skodelice sesekljane zelene
1/2 skodelice sesekljanega korenja
2 žlici sesekljanega svežega peteršilja
1/2 čajne žličke posušenega timijana
1/4 čajne žličke posušenega rožmarina
1 list listnatega testa
1 jajce, pretepeno
navodila:

Pečico segrejte na 400°F.
V veliki skledi zmešajte moko, sol in črni poper. Dodajte kose govejega
mesa in premešajte, dokler niso prekriti z mešanico moke.
V veliki ponvi na srednje močnem ognju stopite maslo. Dodajte goveje
meso in kuhajte, dokler ne porjavi z vseh strani.
V ponev dodajte govejo juho, gobe, čebulo, zeleno, korenje, peteršilj,
timijan in rožmarin. Zavremo, nato zmanjšamo ogenj in pustimo vreti
10-15 minut, dokler se zelenjava ne zmehča in se omaka zgosti.
Listnato testo razvaljajte na rahlo pomokani površini in z njim
obložite 9-palčni pekač za pito. Pito napolnite z govejo mešanico.
Robove peciva namažite s stepenim jajcem. Pokrijte vrh pite s
preostalim pecivom, robove pa zožite, da se zaprejo.
Vrh peciva namažite s preostalim stepenim jajcem.
Pecite v ogreti pečici 30-35 minut, dokler pecivo ni zlato rjavo
zapečeno.

78. Zajtrk Eggnog

Naredi: 5 obrokov

SESTAVINE:

- 4 jajca, dobro stepena
- ⅛ čajne žličke soli
- 1 liter mleka
- ¼ skodelice sladkorja
- 1 čajna žlička vanilije
- muškatni orešček

NAVODILA:

a) Zmešajte vse sestavine, razen muškatnega oreščka.
b) Dobro premešaj.
c) Po želji ohladite
d) Potresemo z muškatnim oreščkom.

79. Quiche Lorraine

SESTAVINE:

- 1½ skodelice (6 unč) naribanega švicarskega sira
- 8 rezin slanine ali šunke, kuhane in zdrobljene
- 3 jajca
- 1 skodelica težke smetane
- ½ skodelice mleka
- ¼ čajne žličke popra
- 1 vnaprej pripravljena zamrznjena skorja za pito

NAVODILA:

a) Na s pecivo obloženo skorjo za pito potresemo sir in slanino/šunko.
b) Preostale sestavine stepemo skupaj in prelijemo čez sir in šunko.
c) Pečemo pri 375 stopinjah 45 minut.

80. Toast s kozicami

Naredi: 4

SESTAVINE:
- 6 angleških mafinov, popečenih in razdeljenih
- 4½ unč kozic v pločevinkah, odcejenih
- 2½ žlici majoneze
- Česen v prahu po okusu
- 1 palčka margarine
- 1 kozarec KRAFT "staroangleškega" sira

NAVODILA:
a) Premešamo na ognju in namažemo na polovice mafinov.
b) Pražite do zlate barve in razrežite na 4.
c) To lahko naredite vnaprej in zamrznete.

JOHN HANCOCK

81. Juha iz školjk Johna Hancocka

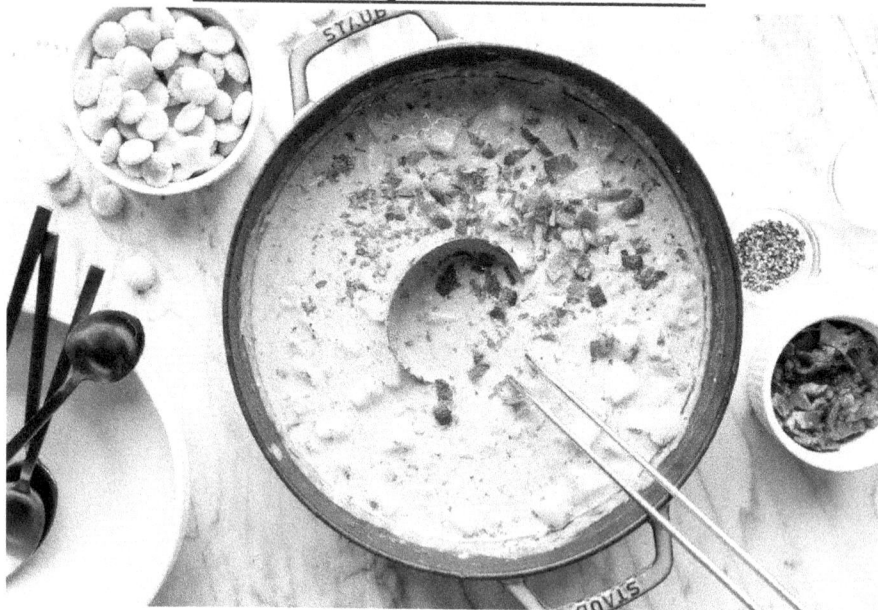

Sestavine:

4 rezine slanine, narezane na kocke
1 čebula, sesekljana
2 krompirja, olupljena in narezana na kocke
1 pločevinka školjk s sokom
1 skodelica mleka
1/2 skodelice težke smetane
Sol in poper po okusu
Ostrigini krekerji, za serviranje
navodila:

V velikem loncu ali nizozemski pečici kuhajte slanino na srednjem ognju, dokler ni hrustljava. Odstranite z žlico z režami in postavite na stran.
V lonec dodamo čebulo in kuhamo, dokler se ne zmehča.
Dodajte krompir in sok školjk. Zavremo, nato zmanjšamo ogenj in pustimo vreti, dokler se krompir ne zmehča.
V lonec dodajte školjke, mleko in smetano. Segrevajte, dokler se ne segreje.
Začinimo s soljo in poprom po okusu.
Postrezite z ostriginimi krekerji in prihranjeno slanino, potreseno po vrhu.

82. Pinto fižol in skočni sklepi šunke

Naredi: 8 obrokov

SESTAVINE

1 velik skočni sklep šunke ali prekajeno puranje peruto

7 skodelic vode

3 skodelice suhega pinto fižola, sortiranega in opranega

1 srednja rumena čebula, narezana na kocke

1 žlica mletega česna

2 žlički začimbne soli

½ čajne žličke mletega črnega popra

Sesekljana zelena čebula, za okras (neobvezno)

2 do 2½ skodelice dušenega riža

NAVODILA

Dodajte skočni sklep šunke, vodo, fižol, čebulo, česen, sol in poper v 6-litrski počasen kuhalnik. Nastavite na visoko, pokrijte in kuhajte 6 ur.

Ko je fižol pečen, ga okrasite z zeleno čebulo in postrezite poleg riža.

83. Rdeči fižol in riž

Naredi: 6 obrokov

SESTAVINE

1 (16 unč) vrečka suhega rdečega fižola, sortiranega in opranega

6 skodelic piščančje juhe

2 žlici ekstra deviškega oljčnega olja

1 funt klobase andouille, narezane na rezine

¼-palčni kosi

½ srednje velike rdeče čebule, narezane na kocke

½ srednje velike rdeče paprike, narezane na kocke

2 stroka česna, nasekljana

2½ čajne žličke kreolske začimbe

1 čajna žlička mletega črnega popra

2 vejici svežega timijana

3 skodelice dušenega riža

NAVODILA

V velikem loncu na močnem ognju zavrite približno 4 skodelice vode. Dodajte fižol, pokrijte in ugasnite ogenj. Pustite fižol stati 30 minut.

Ko preteče čas, vodo odlijemo in v lonec s fižolom vlijemo piščančjo juho. Zvišajte temperaturo na srednjo temperaturo, pokrijte in pustite vreti 20 do 25 minut.

V srednji ponvi na srednjem ognju pokapajte oljčno olje. Ko se olje segreje, dodajte klobaso in kuhajte, dokler ne porjavi, 5 do 7 minut. Dodajte čebulo in poper ter kuhajte 2 minuti. Dodajte česen. Kuhamo še 5 minut, nato ogenj ugasnemo.

V lonec s fižolom dodamo klobaso, čebulo, poper in česen. Potresemo kreolske začimbe in črni poper ter dodamo timijan. Sestavine premešamo in pustimo vreti 1 uro in 30 minut. Med kuhanjem fižol občasno premešajte, da se na dnu nič ne zažge! Ko je pripravljeno, postrezite z dušenim rižem.

84. Food Style Lima fižol

Naredi: 6 obrokov

SESTAVINE

1 (16 unč) velikega suhega fižola lima in opranega
½ funta debelo narezane slanine
½ srednje rumene čebule, narezane na kocke
1 žlica mletega česna
6 skodelic piščančje juhe
2 žlički granuliranega sladkorja
2 žlički košer soli
½ čajne žličke mletega črnega popra
Sesekljan svež peteršilj, za okras

NAVODILA

V velik lonec na močnem ognju dodajte fižol in približno 6 skodelic vode. Ko voda začne vreti, ugasnite ogenj in pustite lima fižol stati 30 minut. Nato vodo odlijemo iz lonca in fižol odstavimo na stran.

V veliki ponvi na srednje močnem ognju kuhajte slanino, dokler ni lepa in hrustljava. Odstranite slanino iz ponve, vendar pustite, da slanina kaplja v ponvi. Dodajte čebulo in kuhajte, dokler se ne zmehča. Dodamo česen in kuhamo še 2 minuti, nato ugasnemo ogenj.

Lonec z lima fižolom pristavimo na srednji ogenj in prilijemo piščančjo juho. V lonec dodamo čebulo in česen ter premešamo. Nadrobite slanino, nato pa potresite s sladkorjem, soljo in poprom. Sestavine premešamo in lonec pokrijemo s pokrovko.

Kuhajte na srednje močnem ognju 35 do 45 minut ali dokler fižol ni lep in kremast. Okrasite s peteršiljem in postrezite samo ali čez riž.

85. Bostonski pečeni fižol

Sestavine:

2 skodelici posušenega mornarskega fižola
1/2 lb narezane svinjine
1/2 skodelice melase
1/4 skodelice rjavega sladkorja
1 čebula, sesekljana
1 žlička suhe gorčice
Sol in poper po okusu

navodila:
Fižol čez noč namočimo v vodi.
Fižol odcedimo in ga damo v velik lonec s svežo vodo.
Fižol zavrite, nato zmanjšajte ogenj in pustite vreti 1-2 uri oziroma dokler se ne zmehča.
Pečico segrejte na 300°F (150°C).
Na dno pekača po plasteh zložimo narezano slano svinjino.
Na slano svinjino dodajte kuhan fižol.
Zmešajte melaso, rjavi sladkor, sesekljano čebulo, suho gorčico, sol in poper.
Mešanico prelijemo čez fižol.
Pekač pokrijemo s pokrovom ali folijo in pečemo 3-4 ure oziroma toliko časa, da se fižol zmehča in omaka zgosti.

86. Jabolčni krofi

Sestavine:

2 skodelici moke
1/2 skodelice sladkorja
2 žlički pecilnega praška
1/2 žličke sode bikarbone
1 žlička cimeta
1/2 žličke muškatnega oreščka
1/2 žličke soli
2 jajci
1/2 skodelice jabolčnega moštnika
1/4 skodelice mleka
1/4 skodelice stopljenega masla
Rastlinsko olje, za cvrtje

navodila:
V skledi za mešanje zmešajte moko, sladkor, pecilni prašek, sodo bikarbono, cimet, muškatni orešček in sol.
V ločeni skledi zmešajte jajca, jabolčni mošt, mleko in stopljeno maslo.
Dodajte mokre sestavine k suhim sestavinam in mešajte, dokler se dobro ne povežejo.
V cvrtniku ali loncu z debelim dnom segrejte rastlinsko olje na 375 °F (190 °C).
Z modelčkom za krofe ali modelčkom za piškote iz testa izrežemo krofe.
Na segretem olju z obeh strani zlato rjavo ocvremo krofe.
Odcedimo na papirnatih brisačah in še tople postrežemo.

87. Kolonialni medenjaki

Sestavine:

2 skodelici moke
1 žlička sode bikarbone
1 žlička mletega cimeta
1 žlička mletega ingverja
1/2 žličke mletega muškatnega oreščka
1/2 žličke soli
1/2 skodelice melase
1/2 skodelice vroče vode
1/4 skodelice stopljenega masla
1 jajce

navodila:
Pečico segrejte na 350°F (180°C).
Namastite 8-palčni (20 cm) kvadratni pekač.
V skledi za mešanje zmešajte moko, sodo bikarbono, cimet, ingver, muškatni orešček in sol.
V ločeni skledi zmešajte melaso, vročo vodo, stopljeno maslo in jajce.
Dodajte mokre sestavine k suhim sestavinam in mešajte, dokler se dobro ne povežejo.
Testo vlijemo v pripravljen pekač.
Pecite 25-30 minut oziroma dokler zobotrebec, ki ga zapičite v sredino medenjaka, ne izstopi čist.
Pustite, da se ohladi v pekaču 5 minut, nato prestavite na rešetko, da se popolnoma ohladi.

88. Shoo-Fly pita

Sestavine:

1 1/2 skodelice moke
1/2 skodelice rjavega sladkorja
1/2 skodelice hladnega masla, narezanega na majhne koščke
1 skodelica melase
3/4 skodelice vrele vode
1 žlička sode bikarbone
1 skorja za pito
navodila:

Pečico segrejte na 375 °F (190 °C).
V skledi za mešanje zmešajte moko in rjavi sladkor.
Dodajte hladno maslo in mešajte z rezalnikom za pecivo ali s prsti,
dokler zmes ne spominja na grobe drobtine.
Prihranite 1/2 skodelice mešanice drobtin, preostanek pa
pritisnite na dno skorje za pito.
V ločeni skledi zmešajte melaso, vrelo vodo in sodo bikarbono.
Mešanico melase prelijte čez mešanico drobtin v skorji za pito.
Prihranjeno mešanico drobtin potresemo po vrhu mešanice
melase.
Pečemo 40-45 minut oziroma dokler se nadev ne strdi in skorja
zlato rjavo zapeče.
Pred serviranjem naj se ohladi.

BENJAMIN RUSH

89.   Jabolčna pita Benjamina Rusha

Sestavine:

1 dvojna skorja za pito
8 skodelic na tanke rezine narezanih olupljenih jabolk (približno 8 srednje velikih jabolk)
2 žlici limoninega soka
1/2 skodelice granuliranega sladkorja
1/4 skodelice rjavega sladkorja
2 žlici večnamenske moke
1 čajna žlička cimeta
1/4 čajne žličke muškatnega oreščka
1/4 čajne žličke soli
2 žlici nesoljenega masla, narezanega na majhne koščke
1 jajce stepeno z 1 žlico vode
Navodila:

Pečico segrejte na 375 °F (190 °C).
Razvaljajte eno od skorj za pito in jo položite v 9-palčni pekač za pito.
V veliki skledi narezana jabolka prelijemo z limoninim sokom.
V ločeni skledi zmešajte kristalni sladkor, rjavi sladkor, moko, cimet, muškatni orešček in sol.
Jabolkom dodajte mešanico sladkorja in premešajte.
Jabolčno mešanico vlijemo v pripravljeno skorjo za pito in potresemo z majhnimi koščki nesoljenega masla.
Razvaljajte drugo skorjo za pito in jo položite na vrh jabolk. Odrežite robove in jih stisnite, da se tesnijo.
Vrh pite premažite z jajčnim sredstvom.
Na vrhu skorje zarežite nekaj rež, da lahko para uhaja.
Pito pecite 50-60 minut ali dokler skorja ni zlato rjave barve in nadev postane mehurček.
Pustite, da se pita ohladi, preden jo narežete in postrežete. Uživajte!

90. Kitajska enolončnica

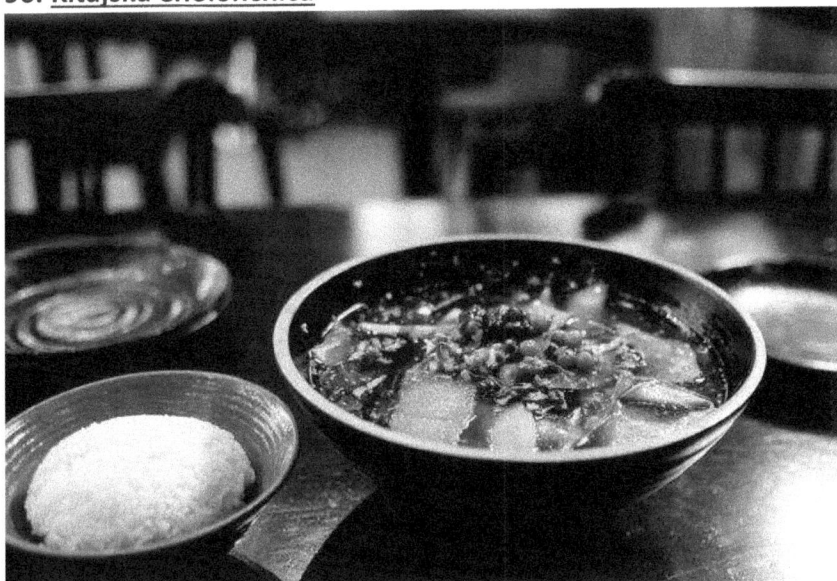

Naredi: 8 obrokov

SESTAVINE:

- Ribe, jastog ali rak
- zelena
- fižol
- 1 skodelica riža, kuhanega
- gobe
- arašidi
- olje
- čebula
- brokoli

NAVODILA:

a) Na voku na srednjem ognju segrejemo olje.
b) Med mešanjem prepražimo čebulo, nato zeleno in nato gobe. Vzemite vsakega ven.
c) Nato med mešanjem prepražimo fižol, brokoli in arašide.
d) Dodajte prvo serijo in nato dodajte svoje ribe.
e) Nazadnje dodajte 1 skodelico riža in kuhajte na pari 1 minuto.
f) Postrezite.

91. Francoska čebulna juha

SESTAVINE:

- 6 skodelic sesekljane čebule
- 3 10¾ unč pločevinke goveje juhe
- Dash Worcestershire
- Dash poper
- Dash belo vino

NAVODILA:

a) Na 3 žlicah masla prepražimo čebulo in dodamo ostale sestavine.
b) Dušimo 20 minut in dodamo sir.
c) Postrezite s kruhom.

92. Babičina podeželska goveja ječmenova juha

SESTAVINE:

- ½-1 funt govejega obara
- 2 stroka česna
- 2 žlici olja
- 1 pločevinka paradižnika
- 2 skodelici korenja
- 2 skodelici zelene
- 2 skodelici zelenega fižola
- ½ skodelice ječmena
- 1 žlica Worcestershire omake
- Ščepec bazilike
- Sol in poper
- 1 paket goveje bujone

NAVODILA:

a) Na 2 žlicah olja prepražimo govejo obaro s česnom.

b) Dodajte paradižnik, korenje, zeleno, stročji fižol, ječmen, Worcestershire omako, ščepec bazilike, sol in poper ter 1 paket goveje juhe.

c) Kuhajte na nizki temperaturi 3-4 ure.

93. Juha iz volovskega repa

SESTAVINE:

- 1 volovski rep
- 3 porcije Zaloga
- 1 velika čebula
- 1 sesekljan korenček
- ½ skodelice klareta
- 1 žlica masla
- 1 spomladanski timijan
- ½ skodelice sesekljanega paradižnika
- 1 steblo zelene
- 2 spomladanska peteršilja
- 1 lovorjev list
- 6 poprovih zrn
- 1 žlica Worcestershire omake
- Sol

NAVODILA:

a) Meso in čebulo zarumenimo na maslu.
b) Dodajte preostale sestavine in kuhajte približno 8 ur.
c) Meso odstranite s kosti in vrnite v juho.

PAUL REVERE

94.   Bostonski pečeni fižol Paula Revereja

Sestavine:

1 funt mornarskega fižola, opranega in sortiranega
1/2 funta slane svinjine, narezane na kocke
1 velika čebula, sesekljana
1/2 skodelice melase
1/4 skodelice rjavega sladkorja
1 žlica suhe gorčice
1 čajna žlička soli
1/4 čajne žličke črnega popra
6 skodelic vode
Navodila:

Moški fižol čez noč namočite v vodi. Fižol odcedimo in splaknemo.
Pečico segrejte na 300°F (150°C).
V nizozemski pečici ali velikem loncu na srednjem ognju kuhajte
narezano svinjsko meso, dokler ne začne rjaveti.
V lonec dodamo sesekljano čebulo in kuhamo, dokler ne
postekleni.
V lonec dodajte namočen morski fižol skupaj z melaso, rjavim
sladkorjem, suho gorčico, soljo, poprom in vodo. Mešajte, da se
združi.
Mešanico zavremo, nato zmanjšamo ogenj in pustimo vreti 10
minut.
Lonec pokrijte in pecite v ogreti pečici 6-8 ur oziroma dokler se
fižol ne zmehča in se tekočina zgosti v omako.
Med peko občasno preverite lonec in po potrebi dolijte še vodo.
Vzamemo iz pečice in pustimo, da se pečen fižol ohladi nekaj
minut, preden ga postrežemo.

95. Pečen polnjen jeseter

1 cel jeseter, očiščen in z luskami
1 skodelica svežih drobtin
1/4 skodelice masla, stopljenega
1/4 skodelice mletega peteršilja
2 žlici mlete čebule
1 čajna žlička soli
1/4 čajne žličke črnega popra
2 žlici limoninega soka
1/2 skodelice belega vina
Pečico segrejte na 350°F.

V majhni skledi zmešajte drobtine, maslo, peteršilj, čebulo, sol, poper in limonin sok.
Jesetra nadevajte z mešanico drobtin in položite v pekač.
Jesetra prelijemo z belim vinom.
Posodo pokrijemo s folijo in pečemo 45-50 minut oziroma dokler jeseter ni pečen.
Postrezite toplo.

96. Ocvrt jezerski ostriž s krutoni Sally Lunn

2 funta filejev jezerskega ostriža
1 skodelica moke
1/4 skodelice koruznega zdroba
1/4 čajne žličke soli
1/4 čajne žličke črnega popra
2 jajci, pretepeni
1/4 skodelice mleka
1/2 skodelice drobtin
1/2 skodelice naribanega parmezana
1/4 skodelice masla
1/4 skodelice olivnega olja
1 štruca kruha Sally Lunn, narezana na majhne kocke

V plitvi posodi zmešajte moko, koruzni zdrob, sol in črni poper.
V drugi plitvi posodi stepemo jajca in mleko.
V tretji plitki posodi zmešajte drobtine in parmezan.
Fileje ostriža potopite v mešanico moke, nato pomočite v jajčno
mešanico in na koncu premažite z mešanico krušnih drobtin.
V veliki ponvi na srednjem ognju segrejte maslo in olivno olje.
Dodajte fileje ostriža in jih pecite 3-4 minute na vsako stran ali
dokler niso zlato rjavi in kuhani.
Medtem ko se ostriž peče, v pečici hrustljavo popečemo kruhove
kocke Sally Lunn.
Postrezite ostriža s krutoni Sally Lunn na vrhu.

97. Virginia šunka in ostrige

1 funt virginijske šunke, narezane na kocke
2 skodelici oluščenih ostrig in njihove tekočine
1/2 skodelice masla
1/2 skodelice moke
2 skodelici mleka
1/2 čajne žličke soli
1/4 čajne žličke črnega popra
V veliki kozici na zmernem ognju stopite maslo.

Vmešajte moko in kuhajte 1-2 minuti ali dokler zmes ni zlato rjave
barve.
Med nenehnim mešanjem postopoma vmešajte mleko in tekočino
iz ostrig.
Dodamo šunko in ostrige ter kuhamo 10-12 minut oziroma dokler
se ostrige ne skuhajo.
Začinite s soljo in črnim poprom.
Postrezite toplo.

98.   Kuhana večerja iz Nove Anglije

3 lbs. soljena goveja prsa
1 čebula, olupljena in na četrtine narezana
6 večjih korenčkov, olupljenih in narezanih
6 srednje velikih krompirjev, olupljenih in na četrtine narezanih
1 manjša glava zelja, očiščena in narezana
Sol in poper po okusu

Navodila:
Operite soljeno govedino in jo položite v velik lonec. Prelijemo s
hladno vodo in na močnem ognju zavremo.
Ogenj zmanjšamo na srednje nizko in pustimo vreti 2-3 ure
oziroma dokler se meso ne zmehča.
Z vrha vode posnamemo maščobo in v lonec dodamo čebulo,
korenje in krompir.
Nadaljujte z vretjem še 30 minut.
V lonec dodamo narezano zelje in dušimo še 15-20 minut oziroma
dokler se zelenjava ne zmehča.
Meso in zelenjavo odstranite iz lonca in postrezite s soljo in
poprom po okusu.

99. Bourbonski češnjev preliv

Sestavine:

1 skodelica zamrznjenih češenj
1/4 skodelice burbona
2 žlici sladkorja
1 žlička koruznega škroba
1 žlička vode
Navodila:

V majhni ponvi zmešajte zamrznjene češnje, burbon in sladkor.
Mešanico segrevajte na srednjem ognju, občasno mešajte, dokler
se sladkor ne raztopi.
V majhni skledi zmešajte koruzni škrob in vodo do gladkega.
Češnjevi mešanici dodajte mešanico koruznega škroba in
premešajte, da se združi.
Še naprej kuhajte na zmernem ognju, dokler se zmes ne zgosti in
se češnje ne zmehčajo, približno 10-15 minut.
Odstranite z ognja in pustite, da se nekoliko ohladi, preden
postrežete čez sladoled ali palačinke.

100. Koruzni kolački Johnny

Sestavine:

1 skodelica rumene koruzne moke
1 skodelica moke
1 žlica sladkorja
1 žlička pecilnega praška
1/2 žličke soli
2 jajci
1 skodelica mleka
1/4 skodelice rastlinskega olja
Maslo za cvrtje
Navodila:

V veliki skledi zmešajte koruzni zdrob, moko, sladkor, pecilni prašek in sol.
V ločeni skledi zmešajte jajca, mleko in rastlinsko olje.
Mokre sestavine vlijemo v suhe sestavine in mešamo, dokler se le ne povežejo.
Veliko ponev segrejte na srednje močnem ognju in dodajte majhno količino masla.
Z žlico ali zajemalko spustite testo na ponev v porcijah po 1/4 skodelice.
Pecite, dokler se robovi ne strdijo in je površina torte mehurčkasta, nato obrnite in pecite, dokler druga stran rahlo ne porjavi.
Ponovite s preostalim testom in po potrebi dodajte več masla, da preprečite prijemanje.
Postrezite vroče s češnjevim prelivom bourbon.

ZAKLJUČEK

Okus ameriških ustanovnih očetov ni le kuharska knjiga, ampak potovanje skozi zgodovino. Ponuja edinstveno priložnost, da doživite okuse in okuse preteklosti, hkrati pa izveste več o življenju in zapuščini mož, ki so oblikovali ameriško zgodovino. Recepti, vključeni v to knjigo, niso samo okusni, ampak so tudi opomin na bogato kulturno dediščino, ki je prispevala k razvoju ameriške kuhinje. Ne glede na to, ali ste ambiciozen kuhar ali ljubitelj zgodovine, je ta kuharska knjiga obvezna za vsakogar, ki vas zanima raziskovanje kulinarične tradicije ustanovnih očetov.

Milton Keynes UK
Ingram Content Group UK Ltd.
UKHW020702050923
428087UK00017B/1291

9 781835 515488